Hoe word ik een rat?

De kunst van het konkelen en samenzweren

Joep P. M. Schrijvers

SCRIPTUM MANAGEMENT

DISCLAIMER *Elke gelijkenis met bestaande personen of organisaties berust op toeval. Mocht je je herkennen in een van de anekdotes, wees dan gerustgesteld: het is altijd iemand anders.*

Eerste druk, mei 2002
Tweede druk, augustus 2002
Derde druk, oktober 2002
Vierde druk, december 2002
Vijfde druk, januari 2003
Zesde druk, maart 2003

www.scriptum.nl

ISBN 90 5594 255 3 / NUGI 684 – Management

Voorwoord

Toen ik 25 was, besloot ik de eerste helft van mijn loopbaan in de hitte van de praktijk door te brengen en de tweede op grotere afstand in de koelte van de beschouwing. Inmiddels is de eerste helft net voorbij. Dit boek is er de afronding van. Het heeft hybride kenmerken: deels autobiografisch, deels praktisch, deels beschouwend, deels afrekenend, deels vooruitkijkend.

Soms vragen mensen me wel eens of ik een slechte jeugd heb gehad of in mijn werk ben getraumatiseerd, omdat ik lezingen geef over gore streken in organisaties. Geen van beide is het geval. Ik heb een goede jeugd gehad en heb geen trauma's. Wie mijn boek goed leest, zal loepzuiver de intenties ontdekken die eraan ten grondslag liggen. Daar is geen koudegrondpsychologie voor nodig.

Graag wil ik de vele mensen die ik de afgelopen jaren heb ontmoet, bedanken voor hun gore streken. Het portret van de rat dat ik in mijn boek heb geschilderd is mede naar hen gemaakt. Het afgelopen jaar heb ik nogal wat mensen gesproken die mij hun rattenstreken hebben opgebiecht. Ik heb ze beloofd hun anonimiteit te eerbiedigen. Daarom noem ik ze op deze plaats niet bij name maar bedank ik ze wel van harte voor hun openhartigheid.

Dan wil ik Hans Janssen bedanken die me steeds heeft aangemoedigd seminars te geven, dit boek te schrijven, daartoe alle contacten heeft gelegd en met zijn superieure sociale lenigheid met mijn grillen wist om te gaan. Dit boek heb ik in Duitsland geschreven op een foute berg, op een zeer foute plaats, vlak bij Berchtesgaden. Het geeft je over de grenzen aan rattigheid veel te denken. Mijn hospita Ingrid Hellmiss wist me steeds met een vriendelijk woord en lekkere *Torten fleißig* aan de arbeid te krijgen. Tot slot bedank ik mijn vriend, Peter Heisterkamp, voor zijn engelengeduld als ik weer eens met mijn hoofd in de wolken was, verstrooid van alles vergat, bij zijn verhalen afwezig was omdat ik de mijne bedacht en het huishouden verwaarloosde. Zonder je geduld en hoge tolerantiegrens was dit boek er zeker niet geweest.

Joep Schrijvers

Winter 2002, Marktschellenberg / Schagen

Inhoudsopgave

'En ook jij, inzichtige, bent enkel een pad en voetstap van mijn wil: voorwaar, mijn wil tot macht wandelt ook met de voeten van jouw wil tot waarheid.'

Friedrich Nietzsche

Deze beide vermogens moeten in zoverre in samenhang met elkaar worden gezien, dat het ene, vergeving, er toe dient de daden van het verleden, waarvan de 'zonden' als het zwaard van Damocles boven het hoofd van iedere nieuwe generatie hangen, ongedaan te maken, terwijl het andere, het zich binden aan beloften, er toe dient in de oceaan van onzekerheid die de toekomst per definitie is, eilanden van zekerheid te bouwen zonder welke er in de betrekkingen tussen mensen zelfs van continuïteit geen sprake zou kunnen zijn, laat staan van enige duurzaamheid.

Hannah Arendt

1 | Welkom in het riool

MET ENIGE AARZELINGEN schrijf ik je deze brief. Want hoewel ik vind dat het in deze tijd zeer hard nodig is om je onverbloemd het spel van de macht in organisaties te vertellen, wil ik mij niet je oordeel op de hals halen een meedogenloze consultant, een rancuneuze kikker of een cynische spelbederver te zijn. Ik ben en blijf een gewoon mens die ook het liefst bekend wil staan als een ethisch individu. Toch zal ik het met je hebben over wat in de volksmond 'naaien', 'vernederen', 'pootje lichten' en 'slachtofferen' wordt genoemd.

We zullen de kunst van het ondermijnen van bazen beoefenen, weerwerk leveren aan al die duurbetaalde spreadsheetkoppen die jou in het gareel proberen te houden, en we zullen natuurlijk ook kijken hoe jij zélf je medewerkers en collega's het best kunt 'runnen'. Te paard, te paard! We gaan de handelingen onderzoeken en bespreken die tot het ondermaanse en het achterbakse van de onderneming behoren.

Wat ik je vertel, heeft de vorm van een brief. Ik geef toe, het wordt een lange brief. Maar dat komt omdat er ook veel te vertellen is over de ingewanden van de organisatie. De brief is van oudsher iets wat men aan vrienden stuurt en wat men van vrienden krijgt. De filosoof Sloterdijk* ziet de brief zelfs als metafoor voor de manier waarop de mensheid geprobeerd heeft om zichzelf te humaniseren. Dit mag je letterlijk opvatten: met lezen en schrijven heeft de mensheid een kring van geletterden gecreëerd, die met elkaar probeerden het dierlijke onder controle te krijgen. Via een cultuur van boeken, essays, beschou-

* Peter Sloterdijk, *Regels voor het mensenpark*. Een spraakmakende lezing die Sloterdijk in 1999 heeft gehouden. Hij opperde dat de mens met zijn humaniserende interventies er niet echt beter op is geworden en dat we de vraag moeten behandelen of genetische maatregelen niet beter zouden zijn. Hij is hierop ten onrechte sterk aangevallen. Hij heeft de vraag gesteld en het antwoord nog in het midden gehouden.

wingen, artikelen, verhalen, brieven, van kennis heeft de mens zichzelf getemd, is hij een braaf huisdier geworden.

Nou ja, met die gedachte is het misschien plezierig in slaap te vallen. Want we weten inmiddels wel beter. En dan heb ik het niet eens over de grote gewelddadigheden die de menselijke chimpansee overal in de wereld begaat. Ook dicht bij huis, in onze eigen bedrijven, op onze afdelingen, bij onze klanten vinden we de kleine gewelddadigheden terug.

'Waarom dan een brief, zo'n ouderwets medium, en geen sms, e-mail of een gelikte website?' hoor ik je sputteren. 'De humane samenleving is door al die brieven en boeken toch ook geen enkele stap verder gekomen?' Dan moet ik je daarin gelijk geven. Dat klopt.

Toch schrijf ik je wat ik te zeggen heb in de vorm van een brief. De reden is simpel. De brief is zowel persoonlijk als afstandelijk, algemeen als anekdotisch, toont zowel de afzender als de geadresseerde in al zijn hebbelijkheden en onhebbelijkheden. En vooral de brief van vrienden onderling heeft een zekere mate van intimiteit. Een intimiteit die we nodig hebben om het onderwerp te behandelen: hoe word ik een rat?

Waarom over rattigheid?

Allereerst wil ik nagaan, waarom mensen politieke spelletjes aan de orde stellen. Waarom wil ik het zelf eigenlijk?

De eerste reden die me te binnen schiet is *sensatiezucht*. Laten we eerlijk zijn, wie verkneukelt zich niet wanneer een pedante en succesvolle bestuursvoorzitter van een snel en groeiend bedrijf onderuit gehaald wordt door een wraakzuchtige mededirecteur die hem van allerlei malversaties beticht? Wie volgt dan niet in de tijdschriften en op de tv de soap over de ondergang van wie eens succesvol was? Wie verbaast zich niet over het geweldige gekonkel in de top, de meedogenloze streken die worden geleverd? Wie huivert niet mee om de kille calculaties?

Je moet van beton zijn om je niet over te geven aan de spanning die zo ontzettend heerlijk is, omdat de ondergang de ander en niet jou treft. Helaas haalt deze opwinding over de gore streken in het bedrijfsleven, de overheidsapparaten en het verenigingsleven maar net het niveau van het 'gutgut, erg hè' van de dorpsroddel.

Daarom, hoe verleidelijk de roddel en de sensatie ook is, doe ik daar niet aan mee. Als je sappige sensatieverhalen over big companies met wrede en frauduleuze CEO's zoekt, dan moet ik je teleurstellen. Die heb ik je niet te bieden. Ik moet je verwijzen naar die glossy businessbladen. Of schaf een jongensboek aan dat de opkomst en ondergang van een berucht bedrijf beschrijft, alsof het om een klassieke tragedie gaat. Zulke boeken zijn journalistiek en dramaturgisch verantwoord gecomponeerd. Iedereen en alles met naam en toenaam staat er in. Alle achterbaksheid en liederlijkheid van het bedrijfsleven deinen in deze lectuur mee op de klop van de ondertoon: spannend hè.

In mijn brief zul je geen enkele beruchte naam of schandaal tegenkomen, geen enkele onthulling of ontmaskering. Bewust niet. Want het gaat me om de regels van de slinksheid, de grammatica van de goorheid, de structuur van de achterbaksheid. De opwinding van de sensatie zou ons maar teveel van de eigenlijke zaak afleiden.

De tweede reden om rattigheid aan de orde te stellen is het geweldige en immense gevoel van de *aanklacht.* Stel je voor, een boek, dat pagina na pagina, fijnzinnig en subtiel het spel van de macht in al zijn varianten zou blootleggen met daarbij de permanente beat van de aanklacht en het oordeel: fout, mensen, fout, daden, fout. Ik zou daar niet goed van worden: smurfensnot.

De reden? De aanklager is een boekhouder, die in zijn systemen precies bijhoudt wat goed en fout is. Erger nog, hij weet ook nog waar de grens ligt, waar integer organisatiegedrag in rattenstreken overgaat. Zulke mensen houden helemaal niet van 'streken', 'coups' en 'pispalen creëren'. Niet van anderen en zeker niet van zichzelf. Aanklagers willen geen vuile handen maken, hetgeen onvermijdelijk is als je in de managementlagen komt. En omdat ze zo aan smetvrees lijden, willen ze alle smeerlapperij in hun omgeving opruimen en wegdweilen.

De aanklager klaagt niet de ander aan, maar in feite zichzelf. In zijn beklaagdenbankje staat hij zelf terecht voor zijn eigen heimelijke verlangens naar gore streken, bruisende ondermijningen, chantage en emotionele wreedheid. Laten we het hierop houden: wie geen vuile handen heeft gemaakt, die heeft niet geleefd. De aanklager schreeuwt zijn eigen jammerklacht uit: ik leef niet, ik heb niet geleefd, ik zal niet leven.

Wanneer ik mijn brief over rattigheid zo zou inrichten, dan lever ik niet meer op dan een mistroostig en oninteressant egodocument. Daarom zul je hier geen aanklacht vinden. Niemand staat hier terecht, niemand wordt de maat genomen.

Laten we nog een *derde* reden beproeven. Een reden, die veel van mijn cursisten mij opdisten aan het begin van de cursus 'Hoe word ik een rat?' Inderdaad ik heb er ook les in gegeven. Ze zeiden dan: 'Ik volg dit, want dan leer ik het beter *herkennen* en dan kan ik me er beter tegen wapenen.'

De suflullen, je ziet de ingevallen gezichtjes voor je. Met een hoogrode kleur op de wangen, zuur zwetende oksels en een angstig lachje kondigen ze aan wat ze gaan zeggen. Je hoopt nog even op een wonder en dat de woorden in een andere richting worden gebogen en dat er klanken uitkomen als 'ik wil mijn baas flink naaien' of 'ik ga haar toch een poot uitdraaien' of 'dat managementteam, alles zal ik saboteren, maar dan ook alles'. Je hoopt op dat oneigentijdse godswonder, die geur van rancune, de walm van wraak en diepgeraakte vernedering. Maar nee, hoor. Heel politiek correct komt het er dan uit: 'Ik wil het herkennen en me ertegen wapenen'. En blij dat ze zijn, blij. Zelden zie je angstige mensen zo blij dat ze een correct antwoord hebben. Want met dit antwoord verklaren ze zich tot geoorloofde buitenstaander.

Wat ze eigenlijk zeggen is dat ze aan die smeerlapperij niet mee willen doen en daarom tips en tricks willen krijgen om hun verdedigingslinies zo hoog mogelijk op te werpen. Ze denken op deze wijze zowel hun integriteit te kunnen handhaven als hun slachtofferrol te keren.

Als je zo'n boek zoekt, ben je weer aan het verkeerde adres. Ik moet je dan sturen naar al die doe-het-zelf-gidsen waarin je geleerd wordt met hufterige bazen om te gaan. Zulke boeken geven doorgaans een typologie van bazen en een verzameling tips hoe je deze van het lijf kunt houden. Vaak zijn dat verkapte assertiviteitstrainingen.

In mijn brief wil ik verder met je gaan. Ik wil je niet meer in de slachtofferrol houden, maar jezelf tot daden aanzetten. Wat let je om zelf geen hufterige baas te worden, eentje die voortdurend calculeert, zijn kansen inschat, de bedreigingen omzeilt? Eentje, die nietsontziend zijn medewerkers schoffeert en zijn bazen vleit wanneer dat nodig is?

De wetenschappelijke belangstelling. Dat is toch een goed motief om ons met hufterigheid, wreedheid en geveins bezig te houden? Onze belangstelling zou toch puur *wetenschappelijk* kunnen zijn, omdat we gefascineerd zijn door de duistere en donkere kanten van de mens, omdat we deze beter willen begrijpen, verklaren en voorspellen?

We zouden een neutraal vocabulaire willen ontwikkelen om de gedragingen te onderscheiden en te ordenen. Neutraal, omdat we als wetenschappers, als niet-betrokken buitenstaanders, het konkelende gedrag van de *homo sapiens* in kaart willen brengen, terwijl we onze voorkeuren of juister onze afkeuringen er geen enkele rol bij willen laten spelen. We nemen strikt afstand van de alledaagse omgangstaal, omdat deze vol emotie, beleving en oordelen zit. Vervolgens observeren we de konkelende managers en hun medewerkers in hun natuurlijke omgeving, hun organisaties, om te zien onder welke omstandigheden welk hufterig gedrag bij welke personen optreedt met welke resultaten.

We proberen regelmatigheden in hun politieke gedrag te vinden, die we vanaf dat moment wetmatigheden gaan noemen. Voorbeeldje? Alle managers gedragen zich op den duur als pummels, zelfs de meest sympathieke en aardige persoon. De reden is dat het 'pummelgedrag' tot de verborgen rolomschrijving van de manager behoort.* Uiteraard kiezen we dan wel neutrale termen, wetenschappelijke termen, en we omschrijven de wet dan als volgt: 'Managers geven het organisatiebelang de hoogste prioriteit in situaties waar het tot waardenconflicten komt. De reden voor deze prioriteitsstelling is inherent aan de rol, zoals deze door de leidinggevende wordt gepercipieerd.'

Op zich is er niets mis met een wetenschappelijke houding. Integendeel, neutralisering van de taal en het onder controle houden van subjectiviteit en persoonlijke voorkeuren van de onderzoeker heeft heel wat aan het licht gebracht wat anders nog verborgen zou zijn geweest. Nee, het gaat pas fout, wanneer mensen in de praktijk – professionals – deze neutrale wetenschappelijke taal in hun alledaagse werk gebruiken. Wat dan ontstaat is de intellectuele spagaat.

* Loek Schönbeck, *Oneerbiedige wijsbegeerte van het management.* Een zeer leesbaar boek over onder meer de verhulling van het taalgebruik in moderne organisaties. Een verademing na alle management- en leiderschapspulp van de jaren negentig.

De intellectuele spagaat

De intellectuele spagaat is uiteindelijk de reden om ons met ratten bezig te houden op de manier zoals we dat hier doen. Dat vraagt even wat uitleg.

Zoals ik net schreef is de grootste fout die we kunnen maken het gebruik van wetenschappelijk jargon wanneer we het hebben over hoe we onze bazen dwarszitten en onze collega's uitschakelen. We vallen dan in dezelfde valkuil als waarin de vele professionals geduikeld zijn, toen zij hun opleiding genoten in het hoger beroepsonderwijs, op een universiteit of in de diverse bij- en nascholingen. In zulke opleidingen zijn ze afgetraind in het neutrale taalgebruik van de wetenschappelijke disciplines.

Veel professionele scholing is niets anders dan taaltraining. Professionals gaan dan opeens praten over modellen, stappenplannen, typologieën, activiteitenplannen, actoren, audits, besturingsmodellen, noem maar op. Taalgebruik dat voor de wetenschapper een zegen en een verrijking is maar voor de praktijkmens uiteindelijk een versluiering en een verarming oplevert.

Want het geobjectiveerde taalgebruik haalt alle emotie en kleuring uit de daden die deze praktijkmensen stellen. Ik bedoel daarmee, dat ze als het ware als een buitenstaander hun gedrag benoemen en reguleren terwijl ze volop 'een binnenstaander' zijn. Ze zijn geen 'flies on the wall' maar deelnemers aan het sociale verkeer, pardon, mensen met streken, lusten, rancunes, angsten. En daar hoort geen wetenschappelijk taalgebruik bij, maar de taal van de werkvloer, de taal van de kantines, de taal van de roddels. Kortom de taal die je spreekt als je thuis over je werk kankert en klaagt: die taal!

Met het professionele en quasi-wetenschappelijke jargon is het praten en schrijven over de professionele praktijk verbraafd en heeft het zich de jas van de onschuld aangemeten: het bloed is van de paal geschrobd, de goorheid van het stoepje geveegd en de slinksheid achter het behang geplakt. Professionele scholing is niets anders dan het leren van braaf taalgebruik, het netjes met twee woorden leren spreken, met mes en vork eten.

Maar betekent dat ook dat de praktijk van onze organisaties braaf is geworden? Zijn alle gemene en wreedaardige spelletjes verdreven? Is de Grote Humanisering nedergedaald?

Nee. Op een gegeven moment in hun loopbaan merken professionals dat zij in een intellectuele spagaat zijn terechtgekomen. Aan de ene kant zitten zij boordevol brave professionele schema's en aan de andere kant ervaren zij praktijken die daar diametraal tegenover staan. Het wrikt en past allemaal niet meer zo goed. Een pijnlijke spreidstand is ontstaan. Een scharing waaruit zij zich wanhopig proberen te bevrijden als een pasgeboren kalf. Lukt ze dat? Komen ze weer op eigen benen te staan? Nee, natuurlijk niet.

De meeste professionals worden gewoon schizo en leiden een lekker dubbelleven. Ze praten de mooie woorden mee, die het bedrijf van hen verwacht te horen. Dus hebben ze het over 'openheid en eerlijkheid', over 'commitment', over 'synergie' terwijl hun ervaring is dat de top essentiële informatie achterhoudt, het personeel in de kantine andere dingen zegt dan in het teamoverleg en dat iedereen hekken heeft geplaatst om te zorgen dat niemand in hun tuintje komt.

Thuis klagen ze tot ze een ons wegen, vertellen dan hun verhaal waar het eigenlijk om gaat, namelijk dat die directeur een zwijn is, die afdeling arrogant, dat die medewerkers alleen aan zichzelf denken en dat ze helaas nog teveel jaren van hun financiële onafhankelijkheid verwijderd zijn. Ik zou al die professionals die voor deze oplossing gekozen hebben niet de kost willen geven.

Een ander groepje professionals wordt uiteindelijk geluksjunk. Zij zoeken verlichting van hun intellectuele pijnen in de vele geluksboekjes en de bijbehorende dure seminars en conferenties. Daarin worden ze allerlei methoden aangesmeerd die voor hen en hun organisatie heilzaam werken mits in de juiste dosering toegepast.

Ze krijgen inzicht hoe ze doelen moeten stellen, actieplannen moeten maken en deze kunnen realiseren zonder de ander te schaden. Of ze leren weer een nieuwe typologie van mensen met de daarbij horende gedragingen. 'Als je je nu maar goed afstemt op de nukken van de ander dan zul je zien dat alles weer op rolletjes gaat,' zegt zo'n expert dan. Of ze ontdekken dat de mens ook duistere kanten heeft en gaan die dan 'valkuilen' noemen.

De truttigheid ten top: 'Jouw opportunistische en sadomasochistische wreedheid is echt een valkuil voor je'. Hoor je het ze zeggen al die managers met omzetverantwoordelijkheden van miljoenen euro's:

'Jij hebt een valkuil'?: Brrr. Ze leren vervolgens dat je de ander hieruit moet helpen. De weg die ze dan moeten gaan is dat ze eerst hun eigen 'valkuilen' tot op de bodem bekijken.

Ze eindigen bij de goeroes die alles van geluk weten: gelukkige medewerkers, gelukkige bazen, gelukkige klanten, gelukkige aandeelhouders, gelukkige bankiers. Niks geen wantrouwen meer, niks geen achterklap of manipulaties, mits je maar hun acht-, tien- of twintigstappenplan volgt... als iedereen dat maar volgt.

Tsja. Wat ik al jaren vreemd vind is dat, als het geluk zo voor het oprapen ligt en als het zo methodisch geïmplementeerd kan worden – als we de verkondigers ervan ten minste mogen geloven –, ik er nog steeds zo weinig van merk. Ooit een 'happy worker' ontmoet? Een integere directeur? Een intrinsiek gemotiveerde en blije medewerker? Nee, alleen de Verkondigers van het Woord zijn gelukkig, omdat ze zoveel leerlingen en discipelen hebben.

Bleef het daar maar bij. Waren het maar onschuldige kwakzalvers. Het verschijnsel is nog veel verontrustender dan we denken. Hun methoden werken niet alleen niet, ze verergeren de kwaal, vergroten de spreidstand ook nog eens. Ze trainen professionals namelijk in nog meer 'brave' modellen, in nog meer 'brave' schema's. De kloof met de alledaagse praktijk wordt weer groter. Het leidt tot meer van hetzelfde.

Er rest ons maar één manier om de spagaat dragelijk te maken. Want helemaal uit de spreidstand zullen we wel nooit komen. En die oplossing is simpel, heel simpel. We stoppen vanaf nu met het persen van de alledaagse praktijk door brave mallen. Dat spoor levert niets op. Die weg is stuk, dat pad loopt dood. Nee, vanaf nu spreken we weer de taal van alledag, de taal van rancune, van wreedheid en haat. Taal van kwaadheid, van kilte en macht. Taal die betovert, ontluistert, verkracht. Taal van daders, taal van ratten.

BRAAFTAAL	NEUTRATAAL	RATTENTAAL
• dienend leider	• manager	• baas
• coachen	• leiding geven	• op de huid zitten
• inspireren	• motiveren	• manipuleren
• medemens	• actor	• klootzak

BRAAFTAAL	NEUTRATAAL	RATTENTAAL
• valkuil	• zwakheid	• hufterigheid
• zingeving	• belang	• zakkenvullerij
• daadkrachtig	• resultaatgericht	• dominerend
• verbinding	• je werk doen	• uitsloven
• ontplooien	• acties	• streken
• missie	• businessplan	• gekonkel
• kracht	• invloed	• macht

Rattentaal

Taal van ratten. In dit boek zoeken we steeds de taal van de daders op, van hen die we opportunisten noemen, omdat ze calculeren, plannen smeden en toeslaan. Dit roept ongemakkelijke emoties op, weerstand en ongeloof: zijn er echt mensen die zo opportunistisch zijn en gemeen? Ja, die zijn er.

'En vertel me dan, waarom, waarom maakt deze oplossing de kloof tussen de ervaring van en de verbraafde reflectie op onze professionele praktijk dan draaglijker dan die twee andere oplossingen die je net hebt afgewezen, wanneer deze oplossing zulke onaangename gevoelens opwekt? Is dat niet tegenstrijdig?'

Ja, maar alleen voor personen, die van geluksboekjes houden en zich warmen aan illusies. Alleen bij hen is sprake van tegenspraak. Zij raken in verwarring en zullen in een reflex teruggrijpen naar de vertrouwdheid van hun lieve warme woordjes. Maar voor hen, die de moed hebben hun overontwikkelde gewetenskwab opzij te sjorren en het demonische van bedrijven recht in de ogen te zien, en voor hen die zelfs nog een stapje verder durven te gaan en zichzelf hiermee durven te vereenzelvigen, die zichzelf een moment een 'rat' wanen, voor al diegenen zal een nieuw 'game' zich openbaren, zal een hoger 'level' van perceptie zich voordoen. Zij vinden de verkwikkende tijgerbalsem voor de spierpijnen die de intellectuele spagaat hen heeft bezorgd. Hard op hard, koud op koud. Met deze brief lever ik je koude kompressen, spalken en warme watten.

We zullen de kloof tussen de mooie woorden en de alledaagse praktijk dus dichten door het over de vraag te hebben: hoe word ik een rat?

Dat is de diepste reden van dit boek. De ontstaansgeschiedenis is weer een ander verhaal.

Ontstaansgeschiedenis

Een aantal jaren geleden was ik betrokken bij een grote reorganisatie van het middelbaar en hoger beroepsonderwijs. Het ging hierbij om de invoering van nieuwe onderwijsvormen, nieuwe lesstof, nieuwe bestuursvormen, fusies, andere manieren van overheidsfinanciering. Kortom, alles wat je je maar kunt voorstellen aan veranderingen in het onderwijs. Ik had daarin de rol van de projectmanager, die met bestuurders, directeuren, cursusontwikkelaars, personeelsfunctionarissen, prdeskundigen aan tafel zat om een en ander in goede banen te leiden.

Het is een periode geweest waarin ik de hoogste telefoonrekening had en de meeste koffievisites aflegde. Ik had al snel door dat iedereen zo open was als een oester en zo betrokken bij de algemene zaak was als een aandeelhouder bij het lot van de werknemers. Iedereen had wel ergens in een verborgen hoekje een eigen agenda, een onbetaalde rekening. En de strijd was niet mals.

Ik herinner me een directeur van een school, die met een andere school moest fuseren en hij had drie bruiden, scholen in zijn omgeving, uitgezocht om er de beste 'deal' mee te maken. Niets mis mee, zou je zeggen, totdat ik erachter kwam dat de goede man er alleen op uit was om zo goed mogelijk – lees: zo hoog mogelijk – in de nieuwe organisatie terecht te komen. Ook niets mis mee.

Wat maakte deze man tot een rat, wiens voorbeeld we goed tot ons moeten laten doordringen? Hij had zijn wisselgeld goed ingeschat. Zo vertelde hij mij in een onbewaakt ogenblik aan het eind van een gesprek: 'Joep, en dan word ik daar algemeen directeur. En ik heb met ze afgesproken dat ik eerst de helft van mijn personeel eruit knikker. Dan gaan we fuseren. Dat bespaart een hoop geld. Ik kan ze nu makkelijk ontslaan. Dat is een hoop ballast minder in de nieuwe situatie. Die andere scholen zitten ook met boventallig personeel. Dat zou nog meer worden, als mijn club er in zijn geheel bij zou komen. In ruil daarvoor wil ik de positie van algemeen directeur. Zij mogen kiezen: of iedereen mee en ik een ondergeschikte rol of de goedkope manier en een goede functie voor mijn persoon. Het leven blijft kiezen'.

Inderdaad, het leven blijft kiezen. Ik reed met gemengde gevoelens naar huis: bewondering voor de slimme calculaties, boos op mezelf dat ik zo naïef was geweest, en ook vol ongeloof, hoe kan het waar zijn... Ik geloof dat ik toen voor het eerst zachtjes voor mezelf uit gesist heb: 'Wat een rat! En wat interessant. Zulke mensen zijn fascinerender dan al die zachte en zemelende organisatieadviseurs die permanent het heil prediken'. Zulke ratten ben ik nog veel vaker tegengekomen. Als het oog eenmaal is gescherpt, dan vallen ze beter op.

Een tijd daarna ging ik naar een kennismakingsbijeenkomst voor een nieuwe baan. Ik had die middag een pittig gesprek gehad met een directeur die allerlei messen op tafel voor me had uitgespreid. Hij wou dit, hij wou dat. Vol adrenaline en in grote haast kwam ik op de afdelingsvergadering van mijn nieuwe en aanstaande collega's. En toen ze mij vroegen wat ik de laatste tijd zoal had gedaan, kon ik alleen maar antwoorden: 'Ik heb me beziggehouden met ratten. Ratten in allerlei vormen en gedaanten. Mannelijke ratten, vrouwelijke ratten. Goede ratten en ook slechte ratten. En weten jullie wat het verschil tussen beide is?'

Stilte.

'Nee? Een goede rat herken je niet als rat. En een slechte rat wel. Een goede rat praat niet over zijn streken, over de spelletjes die hij gespeeld heeft, over de meesterlijke zetten die hij gedaan heeft. Ik ben dus een slechte rat. Een rat ziet er uit als een gewoon en aardig mens, heeft geen borstelige wenkbrauwen, geen rare knobbels op het hoofd, of littekens op de wang. Nee, ze zien er uit als eerzame huisvaders en huismoeders die hun kinderen netjes in een suburb grootbrengen. Kijk maar eens naar je collega naast je, die zou een rat kunnen zijn, die zou nu al bezig kunnen zijn met geheime tactieken en complotten jegens jou, jegens anderen.'

Mijn nieuwe collega's keken elkaar aan, onderzoekend, en toen weer naar mij en schoten in de lach.

Bij mezelf dacht ik toen, hier moet ik eens een cursus over maken, een cursus 'Hoe word ik een rat?', waarin allerlei tactieken en streken aan de orde komen. Het heeft toch nog zo'n twee jaar geduurd voordat ik de moed, de tijd en de zin had om die cursus inderdaad vorm te geven.

In een periode dat de zaken minder goed gingen, zat ik achter mijn bureau en dacht: ‘Nu ga ik die cursus ontwikkelen’. Ik pakte mijn laptop, maakte een nieuw document aan met de titel ‘lesplan rat’ en begon als een goed opgeleide cursusontwikkelaar allerlei leerdoelen op te schrijven: na afloop van deze workshop is de deelnemer in staat om arena’s te analyseren, rattentactieken te kiezen en te gebruiken…

En op dat moment ging de telefoon: ‘Met M. van het Studium Generale. Ik bel je om je te vragen of je een lezing wilt houden op een seminar dat we organiseren voor promovendi. Zij worden ontzettend onder de duim gehouden door hun hoogleraren en ook door hen uitgebuit. Wil jij het voor hen opnemen?’

Ik moet een aanklacht uitspreken, schoot door mijn hoofd, een *j’accuse* uitspreken. En wat idioot dat ik net bezig ben met een cursus over politieke vaardigheden in organisaties.

‘M.,’ zei ik, ‘ik heb geen zin om met die studenten mee te simmen en te klagen. Dan bevestig je ze alleen maar in hun rol van slachtoffer en daar is niemand mee gebaat. Wel heb ik een cursus ontwikkeld [klein leugentje] met de titel “Hoe word ik een rat?” en is dat niet iets voor die promovendi? Dan train je ze in hoe ze hun profs en iedereen kunnen ondermijnen, slachtofferen en zo. Weet je trouwens hoe je pispalen creëert? Dat leer ik ze dan ook.’

M. schoot in de lach en had er wel oren naar. We kwamen tot zaken. Na het telefoongesprek had ik nog vier weken om al het materiaal in orde te maken. En drie avonden reisde ik naar het zuiden van het land om mijn eerste cursisten wegwijs te maken in het riool, niet wetend dat er nog vele reizen in het verschiet zouden liggen, dat ik je er een brief over zou schrijven. Een brief waarin ik de rat van allerlei kanten zou belichten.

Rondgang door het riool

Ik zal een paar onderwerpen in de rest van deze brief aan de orde stellen. Voor je gerief geef ik je alvast een preview.

Een audit Het eerstvolgende deel van deze brief bevat een audit, een zelftest. De meeste professionals zijn gewend aan persoonlijkheidstesten: ‘wat voor type leider ben ik?’, ‘wat voor enneagram-mens zit in mij?’, ‘moet ik doelgerichter worden?’, ‘Zit er succes in mij?’.

In mijn brief mag zo'n test niet ontbreken. In het volgende deel bied ik je alle gelegenheid. En je begrijpt dat deze test uitermate wetenschappelijk is en 'getuned'. Dus aanvaard de resultaten maar. Belangrijker dan de uitkomsten echter zijn de 'statements' in de test. Deze geven iets weer van de juiste attitude van de rat. Daar zal ik diep op ingaan.

In de arena Sommige mensen zijn wel eens teleurgesteld, dat de rat zoveel moet observeren en zo weinig in actie komt. Dat klopt. Een goede rat slaat hooguit drie keer vijf minuten per maand toe, maar als hij dat doet dan viert hij ook zijn overwinning...in stilte en zonder erover te praten.

In dit deel gaan we naar arena's in organisaties kijken, de strijdperken, de boksringen. Wie in staat is dit nauwgezet te doen heeft een streepje voor op zijn tegenspelers. Hij of zij kan zijn berekeningen erop los laten. Het moeilijkste zal zijn om de juiste actoren te identificeren. We gaan belangen bekijken, zoals deze op dit moment in de organisatie spelen.

En als je na dit onderdeel nog denkt dat je niks kunt, dat je geen enkele macht hebt, dan moet je de brief maar ter zijde leggen.

Negen bronnen van macht Iedereen heeft macht, bronnen van macht. Helaas is het wel zo, dat de toegang tot de bronnen ongelijk verdeeld is. De kunst is dus om te woekeren met wat je al aan macht hebt en te vergroten wat je te weinig hebt.

We zullen de stevigheid van het monopolie bestuderen, een aanrader. En wat dacht je van de mogelijkheden die de organisatie en haar procedures je bieden. Je hebt vaak meer treitermacht dan je denkt. Vergeet vooral je lichaam niet, daar zit een schat aan machtsmogelijkheden in. Wie verder wil moet maar eens gaan zoeken naar de manieren van 'panoptische onderwerping'. Een geheel eigen bron met diverse faciliteiten en verrassende mogelijkheden. Ook ga ik in op de machtsbron waarover iedereen kan beschikken: goede kennissen, netwerkmacht. En ik eindig met de kunst van het betoveren. Want wie de harten van de ander niet kan bespelen heeft het in de arena lastig.

Streken en zetten Sinds Machiavelli zijn talloze lijstjes verschenen met gouden regels waar je je als meedogenloze heerser aan te houden hebt. In deze brief uit het riool zal ik de belangrijkste tactieken van de rat de revue laten passeren.

We zullen ingaan op het belang van jezelf onzichtbaar maken. Een goede rat herken je immers niet als rat. En tegenwoordig weten we dat ook van terroristen. De meest kwaadaardige lieden leiden een normaal en braaf bestaan, ontdoen zich van alle kentekenen waarmee zij zich verdacht zouden maken om dan opeens vanuit het niets in vijf minuten toe te slaan...

We gaan ook in op allerlei micro-rattentactieken die je op verschillende momenten kunt inzetten. Om al een paar zaken te onthullen: We gaan het hebben over het kiezen van fronten in afdelingen en hoe je medewerkers het beste tegen elkaar uitspeelt. En over ondermijningstechnieken. Hoe doen mensen dat nu? Hoe krijg je een directie weg? Hoe saboteer je bazen die je niet welgevallig zijn? Lees verder in deze brief en verbaas je over de simpelheid ervan. Er is zoveel te vertellen over de manipulerende mens.

Wist je dat de hoogste vorm van rattigheid is om jezelf zo onvoorspelbaar mogelijk te maken. Dus dat je baas of collega's niet kunnen anticiperen op wat je gaat doen. Ze worden daar helemaal gek van en gaan fouten maken die je kunt uitbuiten. In dit deel spel ik het ambachtelijke werk van de rat voor je uit.

Veel rattenwerk bestaat uit het benutten van de zwakheden van de medemens ten eigen bate. Hierin verschilt de rat van de therapeut. De laatste wordt geacht je te manipuleren voor je eigen bestwil. Daar houden we ons in dit onderdeel verre van. Als je een goede rat wilt worden dan train je jezelf in het snel opsnuiven van de verborgen verlangens en angsten van je tegenstrever.

Gracián,* biechtvader aan het Spaanse hof, schreef zo'n vierhonderd jaar geleden al dat er voor iedereen een duimschroef op maat gemaakt kan worden. Dat is een mooie waarheid. Iedereen heeft in zijn psyche wel een zwakke plek, een gril, een onhebbelijkheid, een gewoonte, een

* Balthasar Gracián, *Handorakel of over de voorzichtigheid.* Een zeer fraai geschreven levenskunst en nog steeds actueel.

kinderlijke emotie of diepe angst, waardoor hij in autonomie te kort schiet en afhankelijk is van de buitenwereld. Wanneer jij die buitenwereld kunt zijn, dan heb je hem in een goede greep, in je macht. Zwakheden runnen, angsten runnen is niet eens zo moeilijk, omdat je maar twee regels hoeft te volgen.

Het grote spel Is er iets mooiers dan stap voor stap beredeneerd af te stevenen op de doelen die je voor ogen hebt gesteld: de overname van dat bedrijf, het buitenspel zetten van je concurrerende collega, het ondermijnen van je directeur, het overnemen van het initiatief van je baas? Maar zoiets vraagt wel om de kundigheid van het konkelen en samenzweren.

Je zult moeten nadenken of je passief of reactief bent. Je zult moeten nadenken over het beginspel, middenspel, het uur der waarheid en het eindspel. Nadenken over welke kaarten je wanneer zult spelen en welke kaarten je nog moet verzamelen. Timing is het moeilijkste onderdeel van het rattenspel.

Mocht je een mooi gevecht in je bedrijf aangaan, een strijd op leven en dood, dan komt het uur van de waarheid, ongetwijfeld. En wat we allemaal hopen is dat je alles tot in de puntjes overdacht hebt, elke zet voorzien hebt en steeds het slimste van het slimste voorbereid hebt.

Toch, kun je dan nog verliezen. Je bleek achteraf toch de zwakkere kaarten te hebben, net niet slinks genoeg geweest te zijn of je had gewoon pech. Wat dan? Heb je dan de *noblesse oblige* van de rat die verloren heeft en durf je uit de 'company' te vertrekken, alle luxe en aanzien in te leveren, met het vooruitzicht dat je binnenkort de daklozenkrant aan oud-collega's zult verkopen en dat je alleen nog maar kunt funshoppen bij de Aldi? Als je voor dit vooruitzicht ongevoelig bent dan sta je in het rattenspel het sterkst.

Maar beloof me nu al een ding: als de strijd van grote importantie is en je verliest, ga weg, vertrek en begin opnieuw, maar blijf niet. Je bent de deurmat voor de overwinnaars geworden.

Surfen naar de traditie In dit deel neem ik je mee langs een aantal hoogtepunten uit de machtsgeschiedenis. Want de rattenstreken die we in onze bedrijven uithalen maken deel uit van een grote traditie en ik hecht er waarde aan wanneer professionals enigszins op de hoogte van hun 'roots' zijn. Deze kennis heeft een paar voordelen.

Ten eerste maakt het je minder eenzaam. Je komt er achter dat anderen met vergelijkbare problemen hebben geworsteld en hun antwoorden hebben geformuleerd.

Ten tweede is de traditie het geheel van onvruchtbare en vruchtbare gedachten, ideeën en technieken. Je treft deze aan in de spreekwoorden, parabels, fabels, metaforen, horrorstories en dergelijke. Je bent altijd een onderdeel van de collectieve competentie en incompetentie. Traditie is vergelijkbaar met Internet: Je kunt er alles op vinden, rijp en groen door elkaar. Kennis hiervan maakt je vrijer. Je kunt de traditie afwijzen, omarmen en recyclen, maar nooit doen alsof zij er niet is.

Ten slotte geeft kennis van de roots van politieke spelletjes je meer wendbaarheid. Je gedragsalternatieven krijgen meer variatie. Genoeg redenen om een korte reis langs enkele hoogtepunten van het politieke gedoe te maken.

Epiloog Tot slot heb ik een korte epiloog voor je, waarin ik de essentie van mijn brief voor je samenvat.

Zo ongeveer zal mijn verhaal in elkaar steken.

En voorzichtig

Voordat je verder gaat met de zelftest heb ik nog een paar opmerkingen over de opzet van deze brief uit de praktijk.

Veiligheidsmaatregelen Je zult tijdens het doornemen van dit boek allerlei associaties krijgen: die klotechef, dat loeder van een collega, die hakkenzetter. Als het goed is dan gaat de adrenaline naar boven komen. Dat moet ook. Zonder lichamelijke opwinding is er niks. De filosoof Schopenhauer van de vorige eeuw lokaliseerde de 'wil' niet voor niets in het lijf.

Toch mag je niet in je gekrenkte trots, je begeerte om te vermorzelen, je animale agressies opgaan. Dat zou te gevaarlijk voor je zijn. Het verstand moet wel aan het stuur van je terreinwagen blijven. Daarom moet je een paar veiligheidsmaatregelen treffen: zoals regelmatige eenzaamheid om je situaties te overdenken, loskomen van alle e-mail en GSM-prikkels, een 'buddy' zoeken met wie je plannen smeedt en die je ook uit de roes van geweld kan halen, of het gebruik van veel ironie, zelfspot en overdrijving. De 'camp', de dubbele bodem, is een uitstekend middel om de duistere kanten van anderen en van jezelf tegemoet te treden. Met dit laatste heb ik goede ervaringen.

Disclaimers In de loop der tijd heb ik van veel mensen de 'biecht' afgenomen, van velen hun kleine en grote streken gehoord. Ik vertel je ze in deze brief waar nodig door. Wel heb ik ze geanonimiseerd en onherleidbaar gemaakt om hun belangen niet te schaden. En het gaat me, zoals ik je schreef, meer om de structuur van de alledaagse rattigheid dan om het zoveelste grote schandaal, hoewel de verleiding op gezette tijden zeer groot was. Dus elke overeenkomst met bestaande managers, bestuursvoorzitters, vakbondsbazen, grootaandeelhouders en onderknuppels berust niet op waarheid en is louter toevallig.

Ik ga ervan uit dat je een psychisch gezond mens bent dat in voldoende mate zichzelf kent en weet wat hij wel en niet wil. Dus alles wat je op basis van dit boek doet is voor eigen rekening en risico. Noch ik, noch mijn uitgever aanvaarden enige verantwoordelijkheid voor de stomme zetten die je doet. Kom niet bij ons reclameren als je ontslagen wordt, een proces aan je broek krijgt, je man je het huis uit heeft gegooid, of wat voor erge dingen dan ook. Wij zullen altijd ontkennen dat dit boek een serieus boek was.

En met deze laatste waarschuwing: welkom in het riool!

2 | De auditie

NA DE OUVERTURE in het vorige deel, die het thema hopelijk stevig voor je neerzette, is nu het moment gekomen dat ik je wil leiden naar iets wat niet langer uitgesteld mag worden, ook al begrijp ik al je redenen daarvoor.

Want het vooruitzicht jezelf in de spiegel te moeten zien en te moeten concluderen dat je nog een onschuldig type bent of juist een ontzettende achterbakse gore stinkrat is niet prettig. Je zelfbeeld dat je in de loop der jaren met de grootste moeite bijeen hebt gesprokkeld – ik ben een gehaaid mens, ik ben een integer mens –, zou je wel eens helemaal moeten herzien.

Troost je, bij de meeste mensen is het uiteindelijk zo, dat hun angst om in 'onwaarheid' te leven groter is dan de pijn om nog vele jaren met hun vreselijke waarheid te moeten leven. Vandaar dat testen, audits, assessments zo ongelooflijk populair zijn. En om op deze behoefte in te spelen heb ik een zelftest voor je en wil ik je vragen om je hieraan welwillend over te geven.

Het principe van de zelftest heb ik simpel gehouden en gemodelleerd naar de zelftesten die je in populaire mannen- en vrouwenbladen kunt vinden. Zelftesten waarin je kunt nagaan wat je karakterdominantie is, of je een veelbelovend leider bent, wat voor persoonlijkheidstype je bent of hebt, of het adviseurschap je in het bloed zit, of je een goeie minnaar bent, et cetera et cetera.

Hoewel de meeste van deze wetenschappelijke testen net zoveel waarde hebben als horoscopen, enneagrammen en het leggen van tarotkaarten, geen dus, begrijp je dat mijn test tot een andere en betere categorie hoort. Hier vind je wél alle kennis over jezelf waar je al zo lang op gewacht hebt: kennis omtrent je rattigheid.

Voor degenen die nimmer door zelftesten zijn verleid, volgt hieronder een kleine instructie:

- Lees aandachtig het statement door
- Geef snel en intuïtief het antwoord 'ja' of 'nee'
- Tel de getallen bij het antwoord op
- Bepaal je totaalscore
- Kijk aan het eind van dit deel van de brief, wat voor type je bent

Na de zelftest zal ik de statements stuk voor stuk met je doornemen, omdat hierin de basishoudingen en gedragingen van ratten zijn samengevat.

Dé Test

	Ja A	Nee B
1 *Ik hou me met genoegen met politieke spelletjes in mijn bedrijf bezig.*	2	0
2 *Ik check altijd welke belangen er spelen in en om mijn werk.*	2	1
3 *Ik weet hoe de hofhouding van mijn bedrijf in elkaar steekt.*	2	1
4 *Ik kan goed uithoren en interviewen.*	3	1
5 *Ik weet altijd wat ik nastreef. Ik ken mijn doelen.*	2	0
6 *Ik denk in mijn leven altijd drie stappen vooruit.*	3	1
7 *Ik weet over welke machtsbronnen ik beschik.*	2	1
8 *Ik laat doorgaans het achterste van mijn tong zien.*	0	3
9 *Ik zoek altijd naar de zwakste plekken in het karakter van de ander.*	4	1
10 *Ik ben bang om te verliezen*	1	3
11 *Ik ben tegen politiek in organisaties. Open en eerlijk moet het zijn!*	1	3
12 *Ik vind het erg om slachtoffers te maken.*	0	2
13 *Doel heiligt de middelen.*	2	1
Totaal	A	B
A+B		

Als je wilt weten wat voor type rat je bent, ga dan naar pagina 46.

De verschillende statements

Laten we de verschillende statements doornemen en zien wat nu precies tot de 'core competence' van al die konkelaars in onze bedrijven behoort, wat het verschil tussen slagen en falen uitmaakt. Uiteindelijk willen we ons in al die opportunistische wijsheden marineren, zodat ook wij de volle en diepe smaak van het gekuip mogen proeven.

Ik hou me met genoegen met politieke spelletjes in mijn bedrijf bezig.
Toen ik een tijdje manager was in een ICT-bedrijf en aan vijfentwintig programmeurs leiding gaf, had ik regelmatig gesprekken met hen over hun ambities, het vak en de werkzaamheden die zij voor en bij de klant verrichtten. De meeste van hen werkten net een jaar of drie en hadden hun initiatie in het bedrijfsleven achter de rug en waren flink met software aan de slag.

Als ik hen dan vroeg wat ze wilden worden, dan gaven de meesten aan dat het manager was, een kleiner deel had de ambitie de 'consultancy' in te gaan en een verwaarloosbaar groepje nerds zag haar heil toch vooral in de techniek. En als ik ze vroeg wat ze in hun werk het vervelendst vonden, was dat – buiten de reistijden – het 'politieke gedoe'. Zij, de bazen boven, waren altijd aan het konkelen, elkaar vliegen aan het afvangen, druk met tegenwerken, de persoonlijke belangen flink aan het verdedigen en permanent aan het veinzen dat hun ziel en zaligheid in Het Bedrijf lag.

Wanneer ik hen er vervolgens op wees, dat een substantieel deel van het werk van managers en consultants juist uit 'politiek gedoe' bestaat en dat je daarvoor betaald wordt en dat politieke vaardigheden in het gunstigste geval tot de openlijke taakomschrijving van je rol of functie behoren maar dat het in ieder geval altijd in je verborgen competentieprofiel is vervat, als ik hen daar op wees, bleef het even stil. Bij een enkeling begonnen de ogen gevaarlijk te glinsteren – die kregen door dat 'politiek gedoe' bij het leven hoort en dat je daar ook genot aan kan en moet beleven –, bij de meesten bleven de ogen echter dof als tevoren: verloren zaak, dacht ik dan, dat wordt in de rattigheid niet veel.

Want wie politiek gedoe aanvaardt en er een genoegen aan beleeft, scherpt het oog, experimenteert, en ontwikkelt zo de sensitiviteit die voor ratten van immens belang is.

Ik check altijd welke belangen er spelen in en om mijn werk.

Is het je ook opgevallen hoeveel mensen in hun bedrijf spastisch doen om over belangen te spreken, terwijl deze taal toch openlijk gesproken wordt in de onderhandelingen tussen werkgevers en vakbonden? Kennelijk zijn er gebieden waar je wel in belangen mag denken en praten, en andere gebieden waar dat taboe is. Dat vraagt om een nadere inspectie van zowel de oorzaak hiervan als van de gevolgen voor de rat.

De enige verklaring die ik kan bedenken is dat een bedrijf vooral de schijn wil ophouden dat zij een samenhangend geheel is, dat in eensgezindheid oprukt om de markt te veroveren en te consolideren. Ik gebruik hier niet voor niets de vaak voorkomende militaire metafoor waar bazen de voorkeur aan geven. Het bedrijf als oprukkende eenheid, waar elke onderlinge rivaliteit en concurrentie wordt uitgeschakeld tenzij deze de realisatie van bedrijfsdoelstellingen sneller dichterbij haalt.

In veel bedrijven zie je dan ook diverse interventies ontstaan om het 'gemeenschappelijk' en 'gedeelde' gevoel te versterken en onderlinge strijd uit te doven. 'Wij zijn dit type bedrijf,' 'Dit is onze missie,' 'Dit zijn de pijlers van onze cultuur,' 'Dit zijn onze waarden'. Met een beetje geluk krijg je een mooi boekje thuis gestuurd waarin al dat lekkers fraai door een PR-bureau is opgewarmd, of ze sturen je een leuk sweatshirt met daarop het symbool waarin de eenheid van het bedrijf tot uiting komt.

Alle eenheidsbevorderende retoriek en dramatiek is niets anders dan calculerende 'braaftaal' die het heldere zicht op de verschillen en overeenkomsten tussen het 'mijn' en 'dijn' belemmert. De taal van belangen ontnuchtert, ontluistert soms, maar maakt de verhoudingen altijd weer zakelijk: dit is jouw belang en dit is het mijne.

Graag wil ik hier toch de opmerking bij plaatsen dat we niet moeten vervallen in een ouderwets 'klassenstrijdgedachte,' dat de bazen de 'bad guys' zijn die voortdurend de boel belazeren en de medewerker de 'good guy' is, die zich met een kluit het riet in laat sturen. Godzijdank is de werkelijkheid subtieler.

De meeste medewerkers weten doorgaans wel wat hun belangen zijn: die positie en status, zoveel geld voor de wintersport, die functieschaal, die eindbaan, dat pannenkoekhuis, minstens een sabbatical. En in hun rijtjes komen de belangen die met hun bedrijf als geheel te maken hebben slechts sporadisch voor.

Des te verbazingwekkender is het dat medewerkers de scheiding tussen het 'mijn' en 'dijn' vergeten zijn, zodra zij op hun flexplek aan het systeem zijn aangelogd en de eerste roddels bij de ochtendkoffie hebben uitgewisseld. Dan walmen zij opeens de geur van loyaliteit aan het bedrijf en koesteren zij zich in de warmte van de vermeende betrokkenheid van hun bazen, hun managers, hun CEO's.

Laat ik je dit zeggen, een goede rat is alleen 'gecommitted' aan zijn eigen belang. En elk ander belang, – dat van collega's, dat van professionele vrienden, dat van bazen, dat van aandeelhouders, dat van klanten – wordt alleen nog maar gewaardeerd in de mate waarin dit het eigenbelang tegenwerkt of bevordert. Elke symbiotische verhouding van medewerker met organisatie is de ware rat vreemd!

Ik weet hoe de hofhouding van mijn bedrijf in elkaar steekt.

Elk bedrijf van een beetje omvang – laten we zeggen van meer dan vijf mensen – heeft een kliek, waarbinnen de koers besproken, de strijd gestreden en de gunsten verdeeld worden. Elk bedrijf heeft zijn eigen hofhouding. Dat zijn de mensen die rond het centrum van de macht cirkelen, de 'fruitflies' rond de directeuren, de CEO's, de oprichters/grootaandeelhouders. Zij zijn de vertrouwelingen waarmee de machthebbers niet alle, maar toch veel van hun sores delen.

Om een misverstand te voorkomen, de hofhouding valt niet per se samen met de hiërarchie in bedrijven. Iemand die verder van de top afstaat kan toch op een gegeven moment als 'lage adel' worden toegelaten in de keizerlijke vertrekken en mag op een gegeven moment de kussens van de baas opschudden, terwijl iemand die tot de subtop behoort van allerlei vertrouwelijkheden wordt buitengesloten, juist omdat hij een bedreiging voor de opperbaas vormt.

Kenmerkend voor de hofhouding is dat zij loyaal is aan het management en haar geen streken levert. In ruil daarvoor krijgt zij allerlei privileges in de vorm van vrijheden, beloningen, inside-informatie en lofzangen. Wat dat betreft verschillen de bedrijfshofhoudingen van onze tijd niet veel met die uit de hertog- en vorstendommen uit de tijd van Machiavelli.

Van de hofhouding kun je goed gebruik maken als je exact weet waartoe zij dient. Laten we de functies kort langslopen.

Ten eerste zijn de edelen van een bedrijf de *zintuigen* van de hoogste bazen. Niets meer, niets minder. De hofhouding wordt geacht waar te nemen wat er bij de medewerkers, bij de zetbazen, wat in de wijdere wereld leeft. Wat niet uit de maandelijkse management-informatiesystemen tevoorschijn kan worden getoeterd, namelijk de 'zachte' informatie, wordt door de hertogen en gravinnen van het bedrijf geleverd. Zij zullen in informele momenten, wanneer zij met de bazen 'sparren', 'bijpraten' en 'co-creëren', de bazen waarschuwen, bevestigen en aanmoedigen en een enkele keer omzichtig en beleefd tegenspreken.

Ten tweede zijn de edelen *praatpaal* en inderdaad 'sparringpartner'. Bij hen worden de eerste ballonnen opgelaten, lek geprikt dan wel een goede vaart gewenst. De onderwerpen verschillen natuurlijk van persoon tot persoon, maar de standaardagenda omvat de volgende onderwerpen:

- Richting van het bedrijf
- Koop en verkoop van aandelen
- Het niet welwillende personeel
- Angst voor langs elkaar werken
- Doorvoeren van megaveranderingen
- Weerstand in de organisatie

En ben je een echte vertrouweling, wat zelden voorkomt als je in dienst bent van de baas, dan praat hij ook nog met je over:

- Geen zin meer hebben baas te zijn
- Waarom ben ik nog niet binnen?
- Hoe krijg ik die directeur eruit?

Je ziet, in de hofhouding is de meest interessante informatie te vinden voor hen die 'rat' willen zijn.

Je zult je misschien afvragen hoe je tot de hofhouding kunt behoren als je er nog geen deel van uitmaakt. De eenvoudigste manier is om je eerst in te likken bij de lagere delen van de hofhouding. Want wat hebben de lagere delen zelf ook nodig? Inderdaad: een hofhouding, al is hij nog zo klein en bestaat hij uit niet meer dan twee of drie personen.

Toen ik manager was, had ik twee medewerkers met wie ik op een gegeven moment in vertrouwen sprak. Ik had mijzelf een kleine hofhouding veroorloofd, mijn ogen en oren van de afdeling gecreëerd, mijn sparringpartners, mijn vertrouwelingen geselecteerd. Kenmerkend voor deze twee medewerkers was dat ze geen kankerpitten en zeurders waren, dat de handen niet naar binnen stonden, en vooral dat ze erg met mijn wel en wee betrokken waren. In ruil daarvoor wisten ze eerder wat in de pijplijn voor hen en anderen zat, kregen ze meer vrijheid in hun werk en meer gelegenheid zichzelf te profileren op diverse bijeenkomsten met en zonder buitenstaanders.

Ik kan goed uithoren en interviewen.

Ken je ook die mensen die in staat zijn je meer te laten zeggen dan je ooit van plan was? Mensen die je met een oprechte of geveinsde argeloosheid tegemoet treden, al je weerhaken van je aftrekken, zichzelf aaibaar oprollen en je dan laten spreken, je aanmoedigen met een enkel woord, een kleine bevestiging als beloning voor je openhartigheid? Dat nu zijn de personen die ons tot voorbeeld moeten strekken, omdat wij vooral hùn vaardigheden ons eigen moeten maken.

Waaruit bestaat eigenlijk de nobele kunst van het uithoren van de medemens en waarom behoort deze tot het basisrepertoire van iedereen die de hele santenkraam wil manipuleren? Om met de laatste vraag te beginnen, een goede rat is voortdurend in de weer informatie te verzamelen. Immers, hij heeft allerlei brokstukken in zijn hoofd zitten en probeert daarvan een sluitend verhaal te maken, een verhaal waarvan hij op een gegeven moment durft te zeggen: 'en nu begrijp ik het, nu begrijp ik waar al die mensen mee bezig zijn.'

Op basis van documenten, roddels, e-mails, wandelgangen, vertrouwelijkheden formuleert de rat zijn vermoedens, zijn vragen, zijn achterdocht en hij gebruikt zijn methoden om de dubbelzinnigheden op argeloze wijze te verifiëren en te falsifiëren. Hij weet waar hij naar op zoek is en bij wie het waarschijnlijk te vinden is.

Dit hebben getalenteerde consultants, gezanten, diplomaten en bestuurders altijd gedaan en zullen dat ook zeker blijven doen. En als hij niet exact weet waar hij naar zoekt, kan hij altijd nog een vriendschappelijk gesprek veinzen en de ander aan het praten brengen.

Uithoren is een simpele vaardigheid, die ook op zeer aangename wijze te leren valt, namelijk in de kroeg. Maar laat ik je eerst de techniek verhelderen.

Het belangrijkste is dat je afleert wat je in de loop der tijd in al die communicatietrainingen geleerd hebt, namelijk luisteren. Dat is namelijk de grootste flauwekul die de meute van communicatiedeskundigen bedacht hebben. Punt is dat je vooral niet moet luisteren. Want tachtig procent van wat de ander zegt is niet meer dan gereutel en aanblazing van de stembanden. Je hoeft alleen maar de bijvoeglijke naamwoorden die de ander gebruikt, op te vangen.

'Het was een warrige vergadering?', laat dit een mededeling van de ander zijn. En dan komt het erop aan om door te vragen op het bijvoeglijk naamwoord 'warrig'. Dus wat je niet doet, is de vraag stellen of er een voorzitter was of een agenda. Zo'n vraag is helemaal fout, want de informatie die de ander je net heeft gegeven, zit opgesloten in het woord 'warrig'. Het enige wat je doet is dit woord herhalen in vragende zin: Warrig? 'Ja,' zal de ander zeggen, 'want de twee grootste kemphanen zaten voortdurend….'

En daar laat de ander los wat we zo graag willen horen: de wereld achter de wereld, de bedoeling achter de bedoeling, de agenda achter de agenda. Ga maar eens drie weken de kroeg in en hoor elke avond een nieuw persoon uit: vraag door op zijn jeugd, zijn werk, zijn seksleven, zijn financiële situatie, alleen door op de bijvoeglijk naamwoorden te klikken. Moet je eens zien wat je binnen een half uur te horen krijgt.

Ik weet altijd wat ik nastreef. Ik ken mijn doelen.

Je zult zeggen, dat dit statement voor zichzelf spreekt en mij erop aanspreken dat ik zoiets vanzelfsprekends hier op deze plaats in mijn brief opneem. Ik beken dat ik het met enige gêne doe, want ik wil je niet met allerlei gemeenplaatsen vervelen en ophouden. Toch is het nodig te benadrukken dat je in de arena waarin je werkt, je steeds weer je eigen doelen stelt, dat je exact weet wat je wel en niet nastreeft.

Want weet jij nu wat jouw doelen zijn, anders dan het eind van de week halen? Leg mijn brief even opzij. Kun je direct vertellen wat je doelen zijn? Waarschijnlijk niet, net als veel professionals. Die gapen je ook glazig aan als je hen dezelfde vraag stelt.

Doelen heb je nodig, omdat je hiermee een instrument in handen hebt om je strategie te bepalen en je tactieken te plannen. Het maakt nogal verschil uit of je promotie wilt maken of dat je zo snel mogelijk via een mooie afkoopregeling weg wilt. Je strategie en je zetten zullen anders uitvallen. Zonder doelen zijn rattenstreken geen zinvolle optie.

Heel veel bedrijven moedigen medewerkers tegenwoordig aan om een Persoonlijk Ontwikkel Plan te maken, een POP of een IOP, een Individueel Ontwikkel Plan, of LOP (Loopbaan Ontwikkel Plan). Ze krijgen daarin vaak een training van een HRM-trutje of een andere in 'braaftaal' geschoolde medewerker.

Houd één regel in de gaten: jouw doelen zijn jouw doelen en niemand heeft er recht op daar iets van te weten. Jouw baas is over zijn of haar doelen ook niet open. Ik raad je aan je bedoelingen voor je te houden en in de POP's ongevaarlijke zaken op te schrijven. Want zulke POP's worden niet alleen voor jouw belang gebruikt maar ook door het bedrijf voor haar eigen plannen die niet met de jouwe hoeven te stroken! Bovendien, als je teveel over je doelen praat, zullen al je tegenstrevers er maar op anticiperen.

Ken je doelen, praat er weinig over, tenzij het spreken binnen je plannen past. Nop voor het LOP.

Ik denk in mijn leven altijd drie stappen vooruit.

Hoewel professionals afgetraind worden om op langere termijn te denken en daartoe allerlei fasemodellen en stappenplannen krijgen aangereikt, denken de meeste van hen niet veel verder dan de dag van vandaag. Ze hebben wel plannen, maar hoe deze zich nu verhouden tot het klimaat van alledag, tot de stand van zaken in hun organisatie, die verbinding weten ze maar amper te leggen.

Toch is dit wat de politicus in het bedrijf goed kan, vanuit het moment van nu minimaal drie stappen vooruit denken: Wat gebeurt er als ik dit doe, wat als ik dat doe. En wat doe ik als de ander dan zo reageert, en wat als... Het bekende 'what-if'-denken is niet alleen geschikt voor het bestuderen van cijfermatige scenario's, maar ook voor het anticiperen op de mogelijke uitkomsten van de strijd in de arena.

Ik denk dat veel professionals daar zo'n moeite mee hebben, omdat ze wel beschikken over de analytische vermogens om stappenplannen te bedenken maar te weinig in huis hebben om vanuit de concreet geleefde situatie het machtsspel op basis van hun zetten te verbeelden. Wie analytisch én beeldend begaafd is, heeft een grote voorsprong in het spel om de macht.

Een hulpmiddel om vooruit te denken is de indeling te hanteren: beginspel, middenspel en eindspel. Elk gevecht, elke coup, elke samenzwering heeft zo'n indeling en elk deel heeft zijn eigen functie en dynamiek.

In het beginspel bepalen de spelers hun doelen en proberen een zo goed mogelijke startsituatie te veroveren. Het middenspel kenmerkt zich door het verzamelen van zoveel mogelijk troefkaarten die in het uur der waarheid, het moment waarin het middenspel in het eindspel overgaat, op tafel komen. Wat dan rest is de afwikkeling van de vechtepisode. In het beginspel moet je al nadenken over het middenspel en de wissels in de juiste stand zetten voor het gewenste eindspel. We zullen er later nog uitvoeriger bij stil staan.

Ik weet over welke machtsbronnen ik beschik.

Het komt in onze bedrijven maar zelden voor dat men apathisch en verstijfd, ingesnoerd zonder enige bewegingsruimte is. Elke medewerker beschikt over machtsbronnen om zijn werk, zijn afdeling, ja zelfs zijn bazen naar zijn hand te zetten. Er zijn voorbeelden van bedrijven waarbij medewerkers door slim opereren topdirecties die onaantastbaar leken in hun spreken, in hun daden en in emotionele hufterigheid ten val hebben gebracht doordat zij hun machtsbronnen hadden opgespoord.

Twee bronnen heb je meestal direct in de buurt: die van de hindermacht en die van de netwerken.

Om met de eerste te beginnen, veel burgers hebben deze bron aangeboord en weten op beredeneerde wijze allerlei onheil in hun voor- en achtertuinen te voorkomen. Het is het uitspreken en het voltrekken van het luide 'NEE'.

Sommigen vinden in de wet en regelgeving hun wapens om te hinderen, zoals zij die de aanleg van tunnels, wegen en nieuwe spoorlijnen op zijn minst voor jaren weten uit te stellen. Anderen zijn creatiever en planten boompjes op plaatsen waar ooit vliegtuigen moeten landen of verkopen zoveel mogelijk postzegeltjes grond aan zoveel mogelijk mensen om allerlei onteigeningsprocedures als hindermacht te gebruiken. Weer anderen laten treinen te laat komen, zodat de directie die haar toekomst aan strenge en strikte performance-criteria heeft opgehangen niet in staat is deze na te komen, waardoor zij het veld moet ruimen. Iedereen beschikt over hindermacht. Wel wil ik opmerken dat deze bron nog niet leidt tot het realiseren van doelen die je je gesteld hebt.

Daar is meer voor nodig, zoals het vinden en koesteren van mensen in je netwerk. Dat brengt mij direct op die tweede machtsbron waarover elke professional beschikt, namelijk je relaties binnen en buiten het bedrijf waarin je werkt: Het Netwerk. Daar hoor je de nieuwtjes, daar vind je de kruiwagens, daar ontmoet je beïnvloeders, daar tref je de besluitvormers, daar krijg je inspiratie.

Een van de machtigste vrouwen in Nederland die ik heb gekend, had haar macht via het netwerken opgebouwd en zij was daarin een toptalent. Op het hoogtepunt van haar loopbaan kende zij iedereen, zat aan tafel met de hoogste bestuurders, CEO's, kunstenaars, ondernemers, vakbonden. Hoe ze dat voor elkaar kreeg? Door een goede neus te hebben voor wie er toe doet, een menselijkheid te veinzen die net zo natuurlijk was als een felgekleurd toetje, door velen geapprecieerd, en iedereen in te schatten op actuele en toekomstige bruikbaarheid, niet door iedereen geapprecieerd.

Wie wat voor elkaar wil krijgen, moet er voor zorgen dat het geheugen van zijn elektronische agenda zijn capaciteitsgrens bereikt voor de opslag van relevante namen. Hinderen en netwerken zijn sleutelvaardigheden van de rat.

Ik laat doorgaans het achterste van mijn tong zien.

In de meeste boeken over macht en politieke spelletjes wordt het zwijgen als een edele deugd aangeduid. In onze cultuur, die een ongeconditioneerde openheid en eerlijkheid predikt alsof elk zakelijk en persoonlijk succes hiervan afhankelijk zou zijn, is de ontwikkeling van het gevoel voor wat men wel en wat men beter niet kan zeggen een ouderwetse deugd.

Deugt je baas niet, zeg het hem dan; bevalt het team je niet, speel open kaart; is de klant rottig, wijs hem er eerlijk op: wie koning is dient zich koninklijk te gedragen. Het behoort tot de moderne professionele ontwikkeling dat men van zijn hart geen moordkuil maakt.

Toch ontdekken veel professionals met schade en schande dat als het om cruciale zaken gaat zwijgen nog altijd beter is dan spreken. En wat je dan ziet optreden in organisaties, is het spel van geveinsde open communicatie: degene die voor zijn emoties opkomt, zijn belangen naar voren brengt, zijn ongenoegen uit over de gang van zaken en in de wandelgangen, in de kantines en thuis vertelt, dat je vooral moet uitkijken voor die en die, die manager wordt van zijn post gehaald, omdat hij zo dom was te spreken over wat er echt aan de orde was.

Organisaties die het in hun jaarverslagen hebben staan, die het in hun bedrijfspresentaties rondtoeteren, die het op affiches aan de muur hebben hangen, namelijk dat men hier op een plek van eerlijkheid en openheid is, dat hier een cultuur van vertrouwen heerst, zulke organisaties moet je juist wantrouwen. Want deze uitingen van waarden zijn niet meer dan een schreeuwend verlangen naar wat er niet is: openheid en eerlijkheid. Eerder is men op een plek gekomen waar het riskant en gevaarlijk is om het achterste van de tong te laten zien.

Ik hou het vooralsnog op wat de beroemde biechtvader aan het Spaanse hof Gracián in zijn 148ste aforisme heeft gezegd: 'Weten wat u wel en niet moet zeggen in de omgang met anderen. Hieruit blijkt uw gehalte als mens. Geen menselijke activiteit vergt meer behoedzaamheid, omdat zij de meest alledaagse is. Van uw woorden hangt af of u mislukt of slaagt.'

Ik zoek altijd naar de zwakste plekken in het karakter van de ander.

Een goede rat ontwikkelt in de loop van de tijd zijn vermogen om in korte tijd het 'psychogram' van de ander op te maken. En hij is daarbij vooral – als ware hij een therapeut – geïnteresseerd in de vergroeiingen en verdraaiingen van de ander. Want juist deze handicaps maken de ander zwak, bedreigen hem in zijn autonomie en maken hem van de buitenwereld afhankelijk. En het is precies die afhankelijkheid waar we naar op zoek zijn, omdat deze ons in staat stelt de controle over de ander voor een groot deel over te nemen. Iedereen heeft wel een zwakte, een onhebbelijkheid, een ondeugd of een weeffout in zijn karakter. Laten we die opsporen en naar onze hand zetten.

Een therapeut bemoeit zich met de duistere en donkere kanten van de ander ten bate van de ander, de rat doet dit ten bate van zichzelf. Dat vraagt van veel professionals die in de braafheid van hun opleiding en beroepscode zijn opgeleid, een *kleine* omschakeling die ze wel als *grote* bevrijding zullen ervaren. Ze mogen nu eindelijk degenen zijn waarvan ze een heimelijk vermoeden hadden dat ze die toch al waren, namelijk grote manipulatoren.

Jarenlang al nutten zij de angsten, de trots, de ambities, de kinderlijke verlangens en begeerten van anderen uit. En dat noemden zij tot op heden 'inspireren', 'motiveren', 'binden', 'bezielen' en 'uitdagen'. Hoe heerlijk moet het zijn om het beestje weer bij zijn naam te noemen en dit weer 'het runnen van de zwakheden van de ander' te noemen, de ander weer schaamteloos als instrument voor eigen doelen en belangen te mogen zien!

Ik ben bang om te verliezen.

Wie het spel om de macht speelt en bang is te verliezen heeft een extra last op de schouders genomen. Want zo'n persoon moet niet alleen nadenken over zijn doelen, zijn strategie, zijn zetten, de arena in kaart brengen en de zwakheden van de ander peilen, hij moet zich ook nog druk maken over mogelijke schadelijke gevolgen van het spel dat hij zal spelen.

Hij zal door het schrikbeeld van de slechte afloop gegijzeld worden. Het mogelijke verlies aan inkomen, status en reputatie zal hem in de houdgreep nemen. Dit zal ertoe leiden dat hij meer bezig is met zijn angsten onder controle te houden dan op calculerende wijze het spel te spelen. Bovendien hebben de meeste politici een instinct voor het peilen van deze angsten en zullen zij deze zwakte zo goed mogelijk uitbuiten.

'Wie bang voor de gevolgen is, zet zich onnodig op afstand'. Ik kan me deze les nog goed herinneren. Ik heb hem geleerd van een oudere en wijzere collega die net als ik met de auto op weg was naar een lezing op een universiteit en met wie ik, zoals zo vaak, lange gesprekken had via de GSM.

Ik zou de volgende dag een gesprek met mijn directeur hebben over een ontslagregeling en de onderhandelingen waren nog niet tot een einde gekomen en ik kon nog van alles verliezen. 'Ja, F.,' zei ik, 'maar stel nu dat P. dat weigert, hij kan dat ook…'. 'Fout,' zei F. toen, 'Je zet je helemaal in de "squeeze van onderhandelen". Je maakt je ontzettend druk om de negatieve gevolgen en al je gedrag is erop gericht om dat te voorkomen. Laat dat toch los. Wat kan je gebeuren? Dat je zoveel boete voor je leasewagen meekrijgt, dat je concurrentiebeding in werking treedt, dat je alles wat je ontwikkeld hebt achter moet laten, dat je opnieuw moet beginnen met een vervelende erfenis? Is dat zo erg? Aanvaard het en je zult zien hoeveel sterker je staat. Bovendien, ik ken P. al veel langer en hij ruikt dat je ergens bang voor bent en zal daar instinctief alle gebruik van maken. Kappen, kappen met die angst.'

Ik was even stil, liet zijn boodschap doordringen en moest hem gelijk geven: inderdaad, wie zich laat leiden door zijn angst te verliezen, staat bij voorbaat op verlies.

Ik ben tegen politiek in organisaties.

Nogal wat bazen, goeroes en andere babbelaars doen schamper over politiek gekonkel. Wie zijn oor bij hen te luisteren legt, zal opvallen dat zij tegen de negatieve consequenties voor de 'business' zijn.

Zo zeggen ze dat in een bedrijf waar spelletjes gespeeld worden, de mensen in hun werkkamers, in hun vergaderzalen, in hun 'bilateraaltjes' voortdurend op hun hoede zijn en elk spreken en elk gedrag onder het teken van de argwaan plaatsen. Daardoor zal er wat er echt speelt, wat echt relevante informatie is voor de bedrijfsvoering nooit boven tafel komen. Iedereen vreest dat alles wat hij zegt of doet tegen hem gebruikt kan en zal worden. Politisering van het bedrijf zien deze mensen als de verrotting en de verkankering van de onderlinge verhoudingen.

Anderen benadrukken dat het politieke gedoe het plezier in het werken, de vreugde van de omgang met collega's en bazen vergalt, waardoor – om het op zijn braaftaals te zeggen – de motivatie, de inspiratie en de energie verdwijnen om klanten diensten en producten van hoge kwaliteit te leveren. Politiek zou leiden tot omzetverlies, tot een 'neerwaartse druk' op de toegevoegde waarde, de winst

Weer anderen benadrukken vooral dat 'politisering' tot verdeeldheid van de gelederen leidt, tot een scheiding in elkaar zwart makende en ondergronds en bovengronds bevechtende kampen, tot een verstarring van een wenselijk en noodzakelijk geachte flexibele bedrijfsvoering. Politiek is in deze opvatting een ziekte die wel tot desintegratie en het sterfhuis moet leiden.

Toch moeten we deze opvattingen afwijzen als onjuist en onwaar. Immers, organisaties zijn verzamelplaatsen van diverse individuen en groepen die in onderlinge afhankelijkheid hun eigen doelen en belangen nastreven. Het is vreemd dat deze les, die zo vaak in de handboeken en inleidingen voor de organisatiekunde beschreven is, zo snel vergeten wordt als men op de werkvloer zijn dansjes maakt.

Interessanter dan het ontmaskeren van de valse verhalen van bazen, goeroes en andere babbelaars is het stellen van de vraag waarom zij er zoveel moeite mee hebben dat er altijd politiek gedoe in bedrijven is en dat de enige invloed die ze er op kunnen uitoefenen hieruit bestaat dat zij kunnen kiezen of zij deze bovengronds dan wel ondergronds, gepacificeerd dan wel met rode waas voor de ogen laten verlopen.

De enige verklaring die ik kan bedenken voor deze aandoenlijke en kinderlijke ontkenning van het inherent politieke karakter van organisaties is het hardnekkige utopisme, dat stelt dat er een gelukzalig wenkend perspectief is voor allen, waarin geen strijd van allen tegen allen zou zijn. Het mag er niet zijn en daarom ontkennen we dat het er is. Was het utopisme vroeger nog een gezwel dat zich nestelde in het denken over samenlevingen, tegenwoordig heeft het zich niet alleen uitgezaaid in de beschouwingen van organisatiekundigen en veranderkundigen, maar heeft het zich vooral ook gehecht aan de prietpraat van hen die geacht worden aan onze grote en kleine bedrijven leiding te geven: onze bazen.

Zie hier de grond van de spagaat die al zoveel mensen ervaren hebben, de pijnlijke spreidstand tussen de als politiek gekonkel ervaren bedrijfswerkelijkheid en de utopistische en brave verhalen die we ons door goeroes en goerinnen laten voortoveren.

Ik vind het erg om slachtoffers te maken.

De meeste mensen zullen geneigd zijn om dit statement te bevestigen: ja, ik vind het erg om slachtoffers te maken. Zij zullen ook alles in het werk stellen om maar niet elke ochtend in de badkamer bij het witte pukkellicht zichzelf onder ogen te hoeven komen: dader, dader, dader! Dat is jammer, want heel veel mensen hoeven zich niet schuldig te voelen, hoogstens iets spijtig te vinden.

Laat ik me nader verklaren. Allereerst moeten we nagaan wie er op welk moment het 'label' slachtoffer wel verdienen en wie niet. Het is zonder discussie dat we mensen 'slachtoffer' noemen die de gevolgen van overstromingen, vulkaanuitbarstingen en extreme koude of hitte ondervinden. Net zoals we dat ook doen wanneer mensen te maken krijgen met de gevolgen van onverwachte en onverhoopte rampen die ontstaan doordat onze fabrieken, raffinaderijen, vliegtuigen door technische gebreken en menselijke fouten ontploffen, ontbranden of neerstorten.

Dan hebben we nog een derde categorie, dat zijn de mensen die vanwege weloverwogen beslissingen van anderen en de daaruit voortvloeiende acties in hun doelen, belangen, ambities, ja soms in de voortgang van hun leven worden geschaad. Zijn zij ook slachtoffers? Dat hangt ervan af.

In de volksmond maken we het onderscheid tussen 'onschuldige' en 'schuldige' slachtoffers, hoewel we over de laatste categorie nooit in die termen spreken, omdat we daar een geheel ander woord voor hebben: verliezer. Wie door een zelfmoordcommando wordt opgeblazen, door een dronken bestuurder aangereden, door de nalatigheid van de kroegbaas in diens café geroosterd, door een Nederlander van een niet nader te noemen etnische afkomst wordt beroofd, heeft alle redenen zichzelf slachtoffer te noemen, omdat hij nooit en te nimmer partij is geweest in de casus van de dader, nooit diens arena heeft betreden.

Het alledaagse taalgebruik heeft daarin een helder onderscheid gemaakt: je bent dan slachtoffer. Dit label geeft rechten, namelijk op mededogen en genereusheid van de omgeving. Benefietconcerten, herdenkingstochten, overheidsbijdragen en inzamelingsacties zijn daar dan uitingen van.

Maar mogen de bazen, de collega's, de medewerkers in onze bedrijven zich ook zo tooien, mogen zij zich ook scharen onder de beschermende paraplu van het slachtofferschap? Zijn zij getroffenen van blinde natuurrampen, van incidenten van technisch falen, van onbetrokken, onvermoed en onverhoeds daderschap?

Nee, het antwoord moet nee zijn. Wie werkt, betreedt willens en wetens de mat, de ring, het strijdperk, de arena en verliest daarmee elke onschuld. Vanaf dat moment kan men winnen of verliezen. Dan is de strijd geopend. Dan zal men zijn doelen stellen, zijn strategieën bepalen en de streken leveren. En als het nodig is om anderen daarin te hinderen, ambities te vermorzelen, dromen te ontnuchteren, strevingen te verijdelen, loopbanen te breken, mensen te ruimen, het betreden van de markt te voorkomen, het zij zo.

In en tussen organisaties geldt slechts één wet: de gedragsalternatieven van de ander zodanig beperken of verruimen als noodzakelijk is voor het realiseren van het eigen belang. Als het erop aankomt is de keus heel simpel: jouw belang of mijn belang. Een bedrijf is het meest loyaal aan zijn eigen portemonnee, zoals ook elke medewerker dat is of in ieder geval zou moeten zijn!

Waarom vinden zoveel mensen het moeilijk om in organisaties slachtoffers te maken? Dat is omdat zij aan 'victimitis' leiden, een ernstige ziekte die onder veel medewerkers en managers verspreid is en epidemische vormen aanneemt. Mensen leiden hieraan wanneer zij in de arena op winnen staan en opeens niet meer de geharde mentaliteit van volwassen vechters bezitten.

Zij zien de grote brekende en vochtige ogen van de verliezer. Het laatste en meest dodelijke wapen dat de sterkste kan treffen. Deze wordt in één seconde week en zwak gemaakt, omdat hij zich laat verleiden door het appèl dat op hem gedaan wordt om mededogen en edelmoedigheid te tonen. Hij zal niet meer zijn eigen doelen en belangen dienen maar die van hen, de zwaksten.

Weg ermee, weg met die weekheid! Als wij in de bedrijven konkelen en foezelen en daardoor de ander op achterstand zetten, dan moeten we niet de barmhartigheid van onze geïnternaliseerde Florence Nightingale voelen maar de tintelende opwinding van de ophanden zijnde overwinning. Laten we nooit meer slachtoffers met verliezers verwarren. Laten we onszelf nooit meer verwijten week te zijn, zelf slachtoffer te zijn!

Het doel heiligt de middelen

Ik weet niet wie het gemakkelijker heeft: de persoon die de uitspraak, dat het doel de middelen heiligt, beaamt of de persoon die er tegen in verweer komt.

De eerste heeft de last te dragen dat hij, als de geoorloofde methoden niet hebben gewerkt, over moet gaan tot de orde van kwade zaken. De laatste dat hij vanwege zijn ethiek tot niets meer in staat is en daarom de strijd bij voorbaat heeft verloren.

Ik bewonder meer de vrouwen en mannen die hun eigen belangen langs slimme, sluwe en ook slinkse wegen behartigen dan de bravelingen die zich trots laten afslachten. De eerste dragen ten minste nog verantwoordelijkheid en durven de confrontatie met de vuile handen aan en voelen deze als een knellend ongemak. Want hoewel er bestuursvoorzitters zijn, die geen enkel gevoel ervaren bij de daden die zij verrichten – emotioneel autistisch zijn – en hun personeel bijvoorbeeld laaghangend fruit noemen om de mensen aan te duiden die het gemakkelijkst zijn te ontslaan, hebben de meeste toch een intern kompas dat duidelijk aangeeft wat wel tot de klasse van het oorbare hoort en wat niet. Om dan toch weloverwogen impopulaire en harde maatregelen te nemen doordat de omstandigheden dat van hem of haar vragen en om hiervan dan ook de knellende en spijtige pijn te voelen, dat vraagt om ons respect en verdient ook onze bewondering.

Dat is het opportunisme dat Machiavelli gepredikt heeft: 'Want om zijn machtspositie te handhaven, is hij dikwijls genoodzaakt te handelen in strijd met de betrouwbaarheid, de barmhartigheid, de menselijkheid en de godsdienstigheid. En daarom is het nodig dat hij mentaal bereid is een andere koers te varen, als de grillen van het lot en de veranderende situaties hem dat voorschrijven. En hij moet, zoals ik al zei, het goede niet achterwege laten wanneer dat mogelijk is, maar van de andere kant moet hij in staat zijn over te stappen op het kwade wanneer de noodzaak hem daartoe dwingt.'

Nogmaals gezegd: wie geen vuile handen heeft gemaakt, die heeft niet geleefd.

Twaalf statements, die iets vertellen over het fascinerende leven van de politieke rat in onze organisaties. In het navolgende tref je de uitwerking van de audit aan, inclusief de drie rattypes die ik onderscheid. Daarna wil ik met je de arena in...

Scores zelftest

Tot 12 punten: *Stomme Rat.* Je staat onschuldig in de wereld. Erg charmant. Maar toch komt er ook voor jou een moment om je naïviteit en onschuld te verliezen. Want ook je werk wordt complexer. En verzet je niet tegen het slechte van de wereld, bekijk het en doe er wat mee.

13 tot 20 punten: *Sluwe Rat.* Het begint wat te worden. Je hebt inmiddels al wat rattigheid in je repertoire zitten. Volmaakt is het nog niet. Je zult nog behoorlijk wat blunders moeten maken om het vak van rat te leren. Probeer je eens wat beter te verplaatsen in de ander. Daar zul je veel profijt van hebben.

21 en meer punten: *Gore Rat.* Je bent bijna een echte rat. Je weet te verliezen, te winnen. Je hebt het spel om de macht door. Je bent óf een natuurtalent óf iemand die toch al wat butsen heeft opgedaan. Denk je wel om de nadelen van rattigheid: machtswellust, vervreemding, verlies van integriteit? Want anders word je ook nog gevaarlijk of gek.

3 | In de arena

In het eerste deel van mijn brief ben ik vooral ingegaan op de basishouding van de rat. Het komende deel zal ik je het ambachtelijke werk beschrijven, de streken en zetten, die je in politiek-complexe projecten, in je werk nodig hebt.

Allereerst zullen we de 'ring' verkennen, de arena's, waarin we onze gevechten leveren. Ik zal een paar instrumenten geven, die je kunt hanteren bij het doorgronden van het strijdtoneel in je eigen omgeving. Ik kan er niet genoeg op hameren dat elke politieke strijd begint met scherpe analyses, met goed uithoren, met excellent observeren, kortom met het bijeenvergaren van allerlei soorten informatie over alle partijen in je omgeving. Telkens zul je je moeten afvragen, begrijp ik nu echt wat er speelt, begrijp ik het gedrag van de ander, begrijp ik mezelf? Begrijp ik het?

Ben ik in een arena?

De eerste vraag die we ons moeten stellen is of we onze zintuigen wel extra moeten openen, onze spieren moeten aanspannen en de adrenaline in ons lichaam moeten opstoken. Wanneer je, zoals de filosoof Nietzsche, achter alles wat anders ziet en voornamelijk achter alles machtsspelletjes vermoedt, dan is deze vraag misschien overbodig. Je zult dan altijd op je hoede moeten zijn.

En dan nog, dan nog, er kan sprake zijn van meer of minder politiek gedoe. Je kent zelf die perioden in je werk, dat er een zekere rust, stabiliteit en openheid is. Natuurlijk kun je beweren dat zelfs deze situatie geënsceneerd is om maar productiever te zijn, en dat het een slimme zet van je baas, de aandeelhouders is om je nog harder te laten lopen... voor hun belangen. Dan nog, dan nog zul je als rat de periode van 'vrede' en 'rust' anders tegemoet treden dan de periode van grote turbulentie in je werk.

Hoe je er dus ook over denkt, dat alles macht is of dat er ook periodes zonder politieke spelletjes zijn, je zult steeds moeten nagaan of er sprake is van een arena.

Indicatoren voor de arena

Er zijn een paar indicatoren die je kunnen helpen of je waakzaam moet zijn, op scherp moet staan of de wapens ten strijde moet omgorden.

Hieronder staat een kleine checklist die je bij het bepalen hiervan wellicht behulpzaam kan zijn. Een aantal statements gaat over de organisatie, het project waar je in werkt en een paar gaan over jezelf. Hoe vaker je met een 'ja' hebt geantwoord, des te waarschijnlijker is het dat je project, je werk politiek geladen is en dat je op je hoede moet zijn.

	Ja	Nee
Dubbelzinnige doelen		
Tegengestelde belangen?		
Verschillen in waarden?		
Veranderingen?		
Onvoorspelbaar werk?		
Rekeningen uit het verleden?		
Vertrouwelijkheden?		
Ratten in de zaak?		
Ben ik open over mijn doen en laten?		
Heb ik een slecht gevoel over de gang van zaken?		

Indicatoren voor de ring

Laten we ze stuk voor stuk doornemen.

Dubbelzinnige doelen? In veel organisaties lijkt het wel of ondubbelzinnigheid troef is. Met grote trom vertelt de hoogste baas wat de visie en missie zijn. Maar hij kan dat alleen doen door op een hoog abstractieniveau te babbelen. 'Wij zijn de Nummer Een als het gaat om interimmanagement. Want wij zijn resultaatgericht, creatief, en denken met onze opdrachtgever mee'. Zulke advertentiestatements klinken prachtig, maar wanneer zij concreet en specifiek worden gemaakt met de vraag, wat betekent 'resultaatgerichtheid', wat betekent creatief', wat betekent 'meedenken', dan blijken er meerdere antwoorden mogelijk te zijn.

Toch zijn er bedrijven die meer te kampen hebben met dubbelzinnigheid dan andere, omdat sommige doelen zich nu eenmaal duidelijker laten operationaliseren: in tweehonderd uur een website bouwen volgens bepaalde vooraf gegeven specificaties is duidelijker dan het op maat leveren van thuiszorg. Welnu, hoe dubbelzinniger de doelen zijn, hoe groter de interpretatievrijheid is, des te waakzamer je moet zijn, omdat iedereen zijn eigen interpretatie geeft en naleeft.

Tegengestelde belangen? In elk handboek 'projectleider' wordt wel op een of andere manier tot uitdrukking gebracht dat je vooral goed moet kijken naar de diverse belangen en verlangens die er spelen.

Veel professionals ontwikkelen daar in de loop der tijd wel een neus voor. Hoewel ik toch ook wel regelmatig tot op hoog niveau projectmanagers voor gaas heb zien gaan, doordat ze er stelselmatig van uitgingen dat hun doel inhoudelijk het beste was, en hoogst verbaasd waren dat andere partijen daar anders over dachten. Dus wat inhoudelijk een goed doel of een goed belang is, is dat nog niet menselijkerwijs.

De beste gedragsregel is ervan uit te gaan dat iedereen zijn eigen voordeeltjes als eerste nastreeft en dan pas interesse toont in de grotere omvangrijkere belangen. Omdat de analyse van belangen en verlangens zo'n cruciale vaardigheid voor de bedrijfspoliticus is, zal ik er verderop nog apart aandacht aan besteden.

Verschillen in waarden? In sommige organisaties kom je groepen tegen die geheel andere waarden hebben. De ene groep streeft naar rust en zekerheid, naar de continuering van wat er is. De andere groep moet daar weer niets van hebben, bekijkt elk uur de laatste beurskoersen en is vooral druk bezig snel binnen te zijn. Weer een andere groep zal het werk zien als middel voor de persoonlijke ontwikkeling. En zo zijn er nog andere groepen te onderscheiden.

Je kunt er gerust van uitgaan dat deze waarden de verlangens van de personen weergeven en dat als het erop aankomt zij alleen deze willen realiseren. De meeste werknemers en managers leren op een gegeven moment wel om de waarden die hen door het bedrijf zijn opgelegd na te brabbelen, maar dat wil zeker niet zeggen dat zij ernaar leven of zullen leven, een enkele sufkont daargelaten die van zichzelf geen verlangens heeft en 'het' daarom maar bij de ander – lees: het bedrijf – zoekt.

Als de waarden van de groepen sterk uiteenlopen, ontstaat de voedingsbodem voor politiek gekonkel.

Veranderingen op komst? Niets maakt van een organisatie meer een boksring als veranderingsprocessen. Elke organisatieverandering is een wijziging in de machtsconstellatie. Of het nu gaat om een fusie, een uitbreiding, nieuwe werkmethoden, de introductie van nieuwe computers, om nieuwe vormen van onderwijs, andere manieren van verplegen en verzorgen, veranderingen betekenen altijd dat je iets anders gaat doen in een andere context onder andere condities. Veranderingen zijn wijzigingen in de onderlinge afhankelijkheden van mensen en groepen: sommige krijgen meer en andere krijgen minder macht.

Het is een misverstand te menen dat weerstand bij verandering vooral irrationele gronden heeft. Natuurlijk, veranderingen zijn voor veel mensen wat bedreigend en wie heeft zich niet de vraag gesteld: kan ik dat wel? Wil ik dat wel? Deze minimale irrationele component kun je doorgaans tot wat angst voor de toekomst herleiden en met enige oefening en informatie wegnemen.

Nee, de meeste weerstand is zo rationeel als je maar bedenken kunt, mits je onder rationeel de inschatting verstaat of iets voordelig is voor mij of niet. Wanneer je zulke mensen nu voor irrationeel gaat uitmaken, bega je de grootste analysefout die je maar kunt begaan, omdat je hen die hun belangen helder op een rij hebben staan uitmaakt voor gekken en hen in plaats van een 'politieke', een therapeutische behandeling geeft. Je bent gewoon vergeten dat organisatieverandering altijd machtsverandering is, dus tot het werkterrein van de rat behoort.

Voorspelbaar werk In sommige perioden van je werk is het redelijk te voorspellen wat je gaat doen en hoe dat zal aflopen. De reden is dat organisaties niet van chaos houden en er veel aan hebben gedaan om 'onvoorspelbaarheid' uit te sluiten.

Wanneer je in een bedrijf werkt of op een afdeling waar weinig hetzelfde is, waar je steeds opnieuw je metgezellen zal moeten zoeken en vinden, is de kans groter dat je met politiek gedoe te maken krijgt. Want wanneer het werk voorspelbaar is gemaakt, zijn de resultaten dat meestal ook. In de meeste professionele beroepen is dit echter niet het geval. Daar worden steeds opnieuw resultaten benoemd, wegen uitgestippeld en begaan.

Vertrouwelijkheden? Wanneer je in een bedrijf door anderen in vertrouwen wordt genomen, of wanneer je dat zelf doet en de inhoud van het gesprek richt zich op geroddel en geklaag over anderen, dan is het tijd om de vlam van de waakstand te halen. Want kennelijk zijn er allerlei processen aan de gang, waarvan het gevaarlijk is geworden om deze in het licht van de openbaarheid te bespreken, hetzij in teamoverleg, hetzij in openhartige tweegesprekken. Klagen en roddelen zijn indicatoren om na te gaan welke strijd gespeeld heeft.

Ik herinner me dat ik bij een bank, waar ik een tijdje als externe adviseur rondliep, door een medewerker in vertrouwen werd genomen. Ik moest vooral niet teveel mijn nek uitsteken. Hij had dat in een ver verleden wel gedaan en had daardoor geen promotie gemaakt. Ik riposteerde dat het bedrijf nu veel opener en eerlijker was geworden en dat het deze waarden diep in zijn cultuur had geadopteerd. Hij keek me meesmuilend aan.

Twee weken later werd een manager van zijn post afgehaald, omdat hij in een afdelingsvergadering zo dom was geweest om zulke statements serieus te nemen, en had gepleit voor een grotere vorm van zelfsturing en participatie van medewerkers in het ontwikkelen van businessplannen. Tsja, dat was niet de bedoeling. Alles mocht besproken worden, behalve de verdeling van de macht zelf! In de vertrouwelijke gesprekken, in de gang, bij het kopieerapparaat, in de kantine, werd het voorval door de leden van de afdeling uitvoerig besproken.

Ondergronds.

Rekeningen te vereffenen? In een organisatie worden altijd wel streken geleverd en sommige mensen hebben er meer een handje van dan andere. Ga er maar vanuit dat er dan mensen zijn die graag hun rekening vereffenen willen. Of zoals een machtige zakenvrouw mij toefluisterde: 'Deze commissarissen hebben mij nu ontzettend dwars gezeten en een streek geleverd. Maar ik weet nu al dat ik het ze betaald ga zetten. Dat zal niet meteen zijn, want ik moet mijn kansen afwachten. Ik kijk, observeer en sla dan toe. Over een maand, over een jaar, desnoods jaren later!' En dat was een vrouw die haar verstand en emoties goed op orde had, en ook een goede staat van dienst had in allerlei sociale en emancipatorische kwesties.

Als zo'n iemand zich al laat leiden door ressentiment, hoe zal het dan zijn bij al die werknemers, managers, die stukken minder getalenteerd zijn in het rationele en emotionele? Hoe zit dat bij ons? In organisaties moet je erop bedacht zijn dat politieke strijd en rattigheid hun oorsprong in zulke rekeningen van het verleden kunnen hebben.

Het kan nooit kwaad om als 'undercover' de verhalen van het verleden op te duiken.

Ratten in de zaak? De laatste check of we met een politieke situatie te maken hebben is door na te gaan of er 'collega-ratten' in de buurt zijn: mensen met een scherpe neus voor belangen, een gezonde waardering voor hun eigen ego en een talent voor manipulaties. Zodra we ze in onze omgeving hebben, moeten we ons verbergen achter het schild van de paranoia: worden we genaaid of niet?

We weten inmiddels dat een goede rat onherkenbaar is en er als een gewoon normaal ethisch mens uitziet. Dat verhindert een vlotte ontmaskering. Een paar vuistregels helpen je evenwel om 'ratten' te identificeren. Ratten zijn vaak geweldig ijdel. Ze willen graag de roem en eer ontvangen voor de superieure streken die ze hebben uitgehaald. Nu zullen ze je niet direct vertellen, waar ze op dit moment mee bezig zijn, welke coup ze beramen, welke ondermijning ze plannen, welke wraak zij nu uitwerken, tenzij je tot de *inner circle* van de hofhouding behoort, maar over het verleden valt doorgaans rustig wat te vertellen.

De kunst is dus om hen over hun loopbaan, hun daden uit het verleden te laten vertellen. Geef ze de roem en eer voor de eenmaal behaalde successen. En luister of ze geweldige strategen, manipulatoren waren...

Ben ik open over mijn doen en laten? Gingen de vorige uitspraken nog over de organisatie en de ander, nu ben je zelf aan de beurt. Je kunt jezelf goed als bron van informatie gebruiken. Ik ga er nog steeds vanuit dat je niet gek of gestoord bent.

Wel, stel je zelf maar eens de volgende vragen over je werk, over al die gesprekken die je met je bazen, ondergeschikten, collega's voert:

- Vertel ik welke streek ik bij hen uithaal?
- Vertel ik welk eigenbelang ik nastreef?
- Vertel ik wat mijn overwegingen zijn?
- Vertel ik waarom ik het zo vertel en niet anders?

Als je op deze vragen met 'ja' antwoordt, dan heb je een naïeve stijl van opereren, een argeloze en zorgeloze stijl.

Dat kan drie dingen betekenen: je bent inderdaad een naïeve rat, zoals ik die in de 'audit' heb beschreven, dat wil zeggen dat je gewoon te open bent, of je bent een superbe rat en gebruikt je openheid en eerlijkheid om de ander te ontwapenen, dus strategisch (bravo!), of je bent een stationair draaiende rat en je bespeurt op dit moment geen 'rattigheid' in je omgeving en waarom zou je dan moeilijk doen en energie verliezen (ook bravo)?

Ga er maar vanuit dat wanneer je de ander niet helemaal vertelt wat je doet en waarom je doet zoals je dat doet, of wanneer je de waarheid in aangepaste vorm vertelt, dat je dan goede redenen hebt om dat te doen. Die reden is altijd dat je dan bang bent dat de ander met die informatie zijn voordeel zal doen en jou zal tegenwerken.

Voelt slecht? Ik ben een warme pleitbezorger van het idee van intuïtie. Niet dat ik daar ongekende vermogens in zie, of dat intuïtie iets zou zijn van goddelijke oorsprong. Helaas, mijn opvattingen hierover zijn minder spectaculair. Intuïtie is niet veel meer dan '*tacit knowledge*', onbewuste bekwaamheid.

In het bedrijfsleven moeten we onze gevoelens van achterdocht, van irritatie, van weigering, van verzet zeer serieus nemen. Zij zijn de *triggers* voor een speurtocht naar de gronden van het onbehagen. Zij zijn de onverwoorde hypothesen over wat aan de hand is en dienen door de informatie die we door uithoren, bespieden en lezen hebben verkregen onder de juiste woorden te worden gebracht om vervolgens bevestigd dan wel ontkracht te worden. Veel werk van de 'rat' is detectivewerk. Als je echter denkt dat de intuïtie de laatste stap in de oordeelsvorming is, heb je het niet helemaal begrepen: intuïtie is de eerste stap van de rat.

Met deze tien vragen heb je een middel in handen om na te gaan of je de 'rat' in jezelf moet oproepen of niet, of je waakzaam moet zijn of niet. Hoe vaker je met ja antwoordt, hoe groter de waarschijnlijkheid dat je in een arena verzeild bent geraakt of er snel in terecht zal komen.

Omvang van de arena

Enkele woorden moet ik wijden aan de omvang van de arena. Wie zijn de vechters en wie kunnen we buiten beschouwing houden? In het jargon van het bedrijfsleven: wie zijn de '*key-players*'?

Als je lang in een bedrijf werkt, dan weet je dat doorgaans wel: die personeelschef hoort er wel bij, die interne controller ook, maar die divisiemanager niet, althans niet in deze strijd. In braaftaal heet dit het vaststellen van de relevante actoren.

Er doen zich ook situaties voor waarin je veel meer last hebt om de partijen te onderscheiden, zoals in de gevallen van veranderingstrajecten, nieuwe projecten, ontwikkelingen in en rond je bedrijf. Je zult op pad moeten om je belangrijkste tegenspelers te achterhalen. Wanneer je over enig journalistieke speurzin beschikt des te beter.

Je kunt je arena in kaart brengen door:

- Mensen in je omgeving op hun praatstoel te zetten;
- Projectplannen, organogrammen en andere documenten na te speuren;
- Bij je opdrachtgever, als je in zijn of haar dienst werkt, te informeren;
- Roddels op te vangen bij het kopieerapparaat, bij de koffieautomaat en dergelijke;
- Op quasi-vertrouwelijke voet te komen met secretaresses, administrateurs die doordat zij aan een vaste plek gebonden zijn, vaak meer weten dan zij zelf door hebben.

Een zinnige en klassieke manier is om de aldus ontdekte figuren in de arena grafisch weer te geven. Ik zelf doe dat graag op een whiteboard, of een vel papier, met bolletjes, die allemaal een tegenspeler representeren. Deze krachtenveldanalyse, zoals dit ook wel genoemd wordt, biedt genoeg ruimte om ook de onderlinge verhoudingen weer te geven. Ik heb ook wel mensen ontmoet die daar een kleine applicatie voor op hun laptop hadden. Wat mij betreft teveel van het goede omdat de arena's nu ook weer geen massaspektakels zijn.

Wanneer je ondanks je goede analysewerk, je speurzin, je inlevingsvermogen in de onderlinge verhoudingen en strijd, de situatie niet helemaal begrijpt, dan heb je waarschijnlijk de grenzen van de arena te eng genomen. Waarschijnlijk zijn er tegenspelers in het spel, op hogere niveaus, op de achtergrond, die je niet ontdekt hebt.

Maak dan niet de fout om aan jezelf en je eigen rattencapaciteiten te twijfelen, veel waarschijnlijker is het dat je nog even door moet zoeken, iets grondiger, om de *missing link* te ontdekken. Arena-analyse is archeologisch werk: van enkel scherven het totale potje reconstrueren. Dus als je het spel niet helemaal begrijpt terwijl je alles zorgvuldig bent nagegaan en hebt nageplozen, dan moet je toch nog even verder zoeken!

Een hele andere fout is het toelaten van mensen in jouw arena, die er niets te zoeken hebben. Niet iedereen is even belangrijk, dat wil zeggen, voordelig of nadelig voor jouw belangen en doelstellingen. Je zult deze figuren uit je denken moeten verwijderen, niet alleen omdat ze de analyse vertroebelen, maar ook – en dat is erger – omdat zij energie van je vragen die je beter voor de echte belangrijke tegenstrevers kunt bewaren.

Men herkent de novice in het rattenspel eerder aan een teveel aan personen dan aan een te weinig aan personen in zijn analyse!

Nagaan van de belangen

Wanneer je aldus als toeschouwer en als partij de gladiatoren van de arena hebt vastgesteld, is het verstandig om voor ieder afzonderlijk hun belangen na te gaan. De grootste fout die je hierbij kunt maken, is jezelf als belanghebbende te vergeten! Deze exercitie verricht je om na te gaan of de belangen van anderen de jouwe tegenwerken, versterken of niet raken. Weet je inmiddels wat jouw diepste belangen zijn, waar jij uiteindelijk voor gaat?

Hoewel de belangen van mensen en hun verlangens legio zijn, zijn er in bedrijven een aantal die je de revue moet laten passeren:

- De opdracht
- Cashen
- Professionele ontwikkeling
- Fun
- Status en prestige
- Sociale contacten
- Zekerheid en veiligheid
- Privé-leven
- Macht

De opdracht Iedereen in een bedrijf of een organisatie moet wat laten zien, een resultaat tonen. De opdracht is datgene waar je uiteindelijk op wordt 'afgerekend', is de min of meer uitgesproken verwachting waaraan je moet voldoen van anderen of van jezelf.

Deze opdracht is in veel bedrijven tegenwoordig expliciet vastgelegd: je moet zoveel omzet maken, zoveel declarabele dagen per jaar werken tegen een bepaald uurtarief, je moet in zoveel zorgminuten een patiënt uit die zorgcategorie wassen, je moet 400 mensen ontslaan. Maar de opdracht kan ook vaag en impliciet zijn: je moet op die afdeling orde op zaken stellen, je moet van dit cultuurcentrum een bloeiende en rendabele 'tent' maken, je moet nieuwe mobiele producten en diensten bedenken.

Sommige mensen geven zichzelf opdrachten: ze willen hun eigen onderneming starten, een rustiger maar wel diepzinniger baan hebben, cashen en financieel onafhankelijk zijn. Iedereen heeft wel ergens een opdracht en moet iets van anderen of van zichzelf. Dat laatste noemen we trouwens 'willen'.

Cashen In de afgelopen jaren, in de vrolijke jaren negentig, hadden veel professionals grote bewondering voor de 'ondernemer' de 'supermens', degene die op eigen kracht iets durfde te ondernemen, de 'lefgozer', de '*Übermensch*' van de globale economie. Veel mensen droomden dat zij met een eigen zaak snel financieel onafhankelijk zouden worden. Zeker in de wereld van het snelle geld, de telecommunicatie en de ICT-wereld waren deze dromen geen uitzondering. Dat voor velen het verhaal anders zou aflopen, konden ze toen ook niet weten.

In de aanloop tot deze brief had ik een lunch met iemand die inmiddels met een partner een eigen bedrijf van honderd mensen had. Ze waren er duidelijk trots op dat ze dit in vier jaar 'uit de grond hadden gestampt'. Toen ik vroeg wat hen bewogen had deze stap te zetten en een bedrijf te beginnen, keken ze elkaar aan, aarzelden wat en antwoordden me toen: 'Ja, we wilden een echt bedrijf'. Ik keek ze verwachtingsvol aan om vooral duidelijk te laten merken dat ik vond dat er nog veel meer moest komen. En enigszins beschaamd kwam er uit: 'Nou ja, echt bedrijf, onze droom was om binnen vijf jaar financieel onafhankelijk te worden.' Waarop ik reageerde: 'Je bedoelt, dat je wilde cashen door je bedrijf te verkopen.' Een beetje besmuikt bevestigden ze me dit.

Dat was waar ze inmiddels vier jaar mee bezig waren: een bedrijf oprichten met als enige belang om er zo snel en lucratief mogelijk van af te komen. Ze wisten ook wel dat je via de professionele beroepen, het verkopen van declarabele uurtjes, niet rijk wordt en dat je beter handel kunt drijven.

Later tijdens de lunch klaagden ze bij me dat het zo lastig was om de medewerkers te motiveren voor de zaak, hun zaak. Ze deden het toch leuk: medewerkers konden zich toch ontplooien, het moest toch een uitdaging zijn de markt te winnen, er waren toch leuke uitjes? De medewerkers hadden groot gelijk: waarom zouden zij zich betrokken voelen bij een zaak die uitsluitend de oprichters rijk moest maken?

Zo zijn er vele bedrijven in de jaren negentig opgericht: mooie verhalen, prachtige missies, leuke grand cafés, maar daaronder altijd het diepere belang: de wil tot cashen....

Professionele ontwikkeling Belangen van mensen hebben hoe dan ook iets met hun levensperiode van doen. Er zijn ontwikkelingsmodellen in de handel aan de hand waarvan je kunt nagaan welke periodes je moet doorlopen vanaf je volkomen hulpeloosheid als baby tot en met je aanvaarding van je sterfelijkheid. Zulke modellen zijn handig om leeftijdsgebonden belangen te peilen.

Jonge professionals geven meestal aan dat zij in diverse situaties veel willen meemaken. Ze willen zich beproeven onder zeer verscheidene omstandigheden om uit te maken wat hen wel en wat hen niet bevalt. Hun gebruikswaarde is dat ze te veel energie hebben en zeer hard kunnen werken. Zij zijn de werkpaarden voor de organisatie. Geef ze af en toe een nieuwe situatie, een uitdaging zoals ze zelf zeggen, en ze rennen voor je.

Professionals in het *midden* van hun leven zijn vaak in een duister woud verdwaald, zoals Dante dat ook was. Ze raken op drift en krijgen bizarre dromen over het beginnen van een surfschool, een retraiteboerderij in de Dordogne of willen opeens van goochelen hun beroep maken. Hun belang is eigenlijk om nieuwe belangen te vinden, een nieuwe opdracht. In het belangenspel zijn deze 'midlifers' heel wisselvallig: nu eens zetten zij als harde vechters alles op alles, dan weer zijn ze lusteloos en teruggetrokken en niet vooruit te zwepen. In je coalities moet je vanwege deze wispelturigheid niet te veel op mensen in hun midlifecrisis vertrouwen.

En dan de laatste categorie, de professionals en managers aan het eind van hun loopbaan met misschien nog drie, wellicht vier jaar te gaan. Vaak zijn ze op het hoogtepunt van hun macht of er net door anderen vanaf gestoten. Zoals zij zelf zeggen, zien ze hun belang liggen in de rust en diepzinnigheid die komen gaat. Wat al eeuwenlang geconstateerd is, geldt ook nog voor onze tijd: op de *vita activa* – het actieve leven – volgt de *vita contemplativa* het beschouwende deel van het leven.

Zulke mensen zijn een graag geziene gast bij de ondernemers, managers en bestuurders, mits zij een goede staat van dienst hebben gehad en een plezierige manier van omgang hebben, om over vertrouwelijke zaken – het hart en de portemonnee – te praten. Zij vormen voor hen geen bedreiging meer, omdat zij hun carrière achter de rug hebben. Professionals die naar de klop van de oudere leeftijd geluisterd hebben en hun bakens bijtijds hebben verzet, hebben in die laatste jaren van hun werkzame leven het meeste plezier. Als je vertrouwelingen zoekt, ga dan nu shoppen op de markt van vijfenvijftigplussers.

Ze zijn goed opgeleid, hebben vaak briljante loopbanen gehad en kennen het klappen van de zweep, zowel actief als passief.

Wat een verschil, deze briljante ouderen, met die andere groep van senioren, de angsthazen, die aan de constipatie van het leven zelve leiden! Die verhoornde weekdieren, die maar één liefde kennen, één afgod die ze elke dag, elk uur, elke minuut eerbiedigen. De types die je in de gaten moet houden, omdat ze bezeten zijn van één enkele begeerte: pensioen. Je moet er op bedacht zijn dat deze griezels zich als de gevaarlijkste ratten kunnen ontpoppen.

De reden? Angst, zij worden geregeerd door angst. Zij zijn als de dood dat ze hun dienstjaren niet halen, dat ze sneuvelen in de onzekere periode tussen nu en het door de directie aangeboden afscheidsdiner. Zij doen er alles aan om dit belang met hand en tand te verdedigen. En omdat zij het gevoel zijn kwijtgeraakt dat alles nog tien keer anders kan, manoeuvreren zij zich in een erop-of-er onder-strijd. Zij zijn meedogenloze vechters in een haast aandoenlijke moed-der-wanhoop strijd. We zouden vertederd zijn, als zij onze belangen niet zo ernstig schaden. Neem je voor deze ouderen in acht!

Fun De laatste jaren is mij en ook vele anderen opgevallen dat voor nogal wat mensen 'fun' een belang is geworden. Hij is bijna twee meter lang, midden dertig, mager, goed gekleed en gesticuleert veel. Een modieuze bril maakt het af. Hier zit een man, enthousiast, die op diverse seminars de taal van de managementgoeroes, het braaftaals, onder de knie heeft gekregen.

Hier zit de Fun: 'Joh, het gaat me niet om het geld. Natuurlijk wil ik wel een dikke boterham. Maar mijn kernkwaliteit is om mensen enthousiast te maken, om ze mee te krijgen. En dan samen in een goed team. Al die talenten tot ontwikkeling te brengen. Het moet toch ook een beetje leuk zijn, niet? Het gaat toch om de *fun*? We moeten het toch leuk maken!' Hij kijkt me aan en verwacht dat ik beaam wat hij heeft gezegd. Het lukt me niet, hoewel ik het graag zou willen. Ik mag hem graag. Toch verstar ik: de funnificatie van het werk, 'het opleuken' wil er bij niet in. Het zal mijn achterdocht wel wezen.

Waaruit bestaat dat belang van 'fun' eigenlijk? Mensen die 'fun' nastreven brengen meestal drie kenmerken naar voren. Het werk moet allereerst op recreatie lijken. Het onderscheid tussen werk – waar men zwoegt en waar het niet leuk is – en de vrije tijd – waar men uitrust en waar het wel leuk is – moet vooral verdwijnen. Vervolgens moet de samenwerking met anderen vooral niet te lastig zijn: moeilijke personen, conflicten, behoren niet tot de menselijke conditie maar zijn afwijkingen die snel gerepareerd moeten worden. En ten slotte is er sprake van fun wanneer er snelheid en mobiliteit wordt geboden. Werk moet snel zijn en uit korte spannende episoden en fragmenten bestaan, waar men ijlings doorheen 'zapt'.

Funners zijn ongeconcentreerde vermijders, naïef en wat ongeloofwaardig. Maar je zult zien hoe eenvoudig je ze met mooie spiegeltjes en lekkere hapjes *leuk* kunt manipuleren.

Status en prestige In de politieke strijd mag men nooit de factor van status en prestige vergeten. Iedereen heeft in de kelder van zijn persoonlijkheid wel de behoefte aan erkenning opgestapeld: 'Ik ben een autonome vrouw, ik ben een groot bestuurder, ik ben welgesteld, ik ben gefunnificeerd, ik ben een moedig en een weloverwogen ondernemer. En jij moet dat zeggen.' Weinig mensen zijn zo autonoom en zo voor zichzelf voldoende dat zij het oordeel en de mening van anderen niet nodig hebben.

De vele trainingen, cursussen en coaching in persoonlijke groei en assertiviteit hebben meestal niet gewerkt. Dat betekent dat in elke machtsstrijd het belang van status en prestige altijd aan de orde is. Je zult hier met al je streken keer op keer op stuiten. Wat moet je doen als je de eer, de trots, de status van de ander raakt? Er zijn twee gedragsregels, een witte en een zwarte.

De eerste is, dat je altijd het gezichtsverlies van de ander probeert te voorkomen. Geef de ander een waardige aftocht, ook al misgun je het hem vanuit al je vezels. Wees blij met alles wat hij voor je doet. En kwets hem vooral niet onnodig, zeker niet in het gezelschap van anderen. Voorkom het natrappen. De ander zal je eeuwig dankbaar zijn en minder geneigd je je gore streek ooit betaald te zetten. Er is geen betere voeding voor wraak dan gekwetste eer en gebroken status.

Mocht de witte methode je niet lukken, dan moet je doorpakken én hard. Dan treedt de zwarte aanpak in werking. Je moet de ander volslagen onschadelijk maken, zo diep de grond in boren, dat zij, zoals met politici en topmannen gebeurt die door onthullingen van valse declaraties en smeergeld van hun troon vallen, voor de rest van hun leven krachteloos worden.

Het is niet alleen kommer en kwel: vermijden en vernietigen. Je kunt van de behoefte aan status en prestige goed gebruik maken. Want mensen die voor dit belang gevoelig zijn, hebben voor de bevrediging ervan anderen nodig. Kun je hen in het openbaar prijzen, prijs ze dan! Kicken ze op beroemde mensen, breng hen er mee in contact! Willen ze complimenten, bestrooi hen er kwistig mee! Willen ze aanbidding, aanbid hen dan.

Maar train ze tegelijkertijd in het principe, dat voor wat ook wat hoort. Hun afhankelijkheid moet uiteindelijk aan jouw belangen dienstbaar worden.

Sociale contacten Veel mensen zijn bang voor de eenzame arbeid, voor het geïsoleerd zijn, voor de ongeborgenheid. Voor hen is het opgenomen zijn in een groep of team van het hoogste belang. Hun doen en laten is hieruit het best te begrijpen. Zij zullen min of meer bewust de afweging maken, dat zij in hun eentje minder goed overleven dan wanneer zij zich omringd weten door de beschermende schil van het team of de afdeling.

De goede 'rat' manipuleert deze gevoelens van angst. Hij creëert een permanente dreiging van uitsluiting en isolatie, als straf op gedrag dat niet in zijn straatje past, en verwarmt met de geborgenheid van de groep wanneer dat wel het geval is. Het 'besmet verklaren' van collega's die in de sociale strijd van het bedrijf met de vijand 'heulen' is daar een voorbeeld van. Dit is een goede gedragsregel om onwillige elementen machteloos te maken.

Privé-leven Er is ooit een zakenvrouw geweest die met de verkoop van aandelen miljoenen verdiend heeft. Toen journalisten haar vroegen waarom zij dat gedaan had, antwoordde ze dat het haar vooral te doen was geweest haar kinderen en hun kinderen een veilig bestaan te verschaffen. Wat een angst moet die vrouw gehad hebben, wat een wantrouwen in de wereld, dat zij met haar aandelen naar onafhankelijkheid streefde. Ontegenzeggelijk is er boven het ondernemerschap iets anders wat veel begerenswaardiger is, namelijk het niet meer van je eigen ondernemerschap afhankelijk te zijn. Hier zie je dat iemand haar belang in haar privé-leven gedefinieerd heeft.

Veel werknemers doen net als ondernemers en werkgevers en zoeken ook hun belangen in hun privé-leven, alle braaftaalpraatjes ten spijt als zou het ze te doen zijn om het bedrijf, hun ontplooiing en diepe zingeving. De meeste belangen liggen niet verder dan een aangenaam en niet al te lastig leven: een recreatiebungalow in een recreatiepark in de Achterhoek, achter een slagboom. Zie hier het belang van de meeste mensen.

Macht Ik was ooit in gesprek met een succesvolle Rotterdamse interim-manager van een bank, die mij zijn loopbaan tot nu toe uiteenzette. Zijn verhaal begon bij zijn eerste project, toen hij behalve aan zichzelf ook leiding mocht geven aan een collega. Hoewel hij dat lastig had gevonden en zwaar, was hij er toch succesvol in geweest: doelen gehaald, op tijd, binnen budget en conform de specificaties. Klasse, denk je dan.

Hij vervolgde met zijn volgende project, namelijk dat hij toen twee mensen leiding mocht geven... Enfin je raadt het al, bij elk project verdubbelde het aantal ondergeschikten zoals de graankorrels op het schaakbord in de parabel van de koning en de onderdaan.* Hij eindigde met 800 man, die hij aanstuurde via twee managementlagen.

Er zijn mensen die hun succes afmeten naar de mate waarin zij hun belang – nog meer macht – realiseren. Macht is voor sommige managers, bestuurders, professionals een behoefte die net als seks telkens opnieuw de kop opsteekt, slechts kortstondig bevredigbaar is en nooit een einde vindt vanwege een afdoende vervulling. Alleen met een daadkrachtig 'neen' tegen het machtsverlangen, net zoals men op een gegeven moment het 'genoeg is genoeg' tegen de seksualiteit moet uit-

* De onderdaan mocht na gebleken diensten aan de koning een wens doen. De onderdaan vroeg een graankorrel op het eerste vakje van het schaakbord, en het dubbele op het tweede en op het derde weer het dubbele van wat er aan graankorrels op het tweede lag enzovoorts. De koning stemde toe, omdat hij niet kon rekenen. Want de gewenste hoeveelheid graan zou de opbrengst van het koninkrijk, van de wereld, door de exponentiële toename te boven gaan.

spreken, kan men de last van het onvervulde verlangen verdragen en de leegte dulden.

Ga in je arena-analyses maar eens na welke mannen en vrouwen steeds meer zeggenschap nastreven ongeacht de inhoud die er mee verbonden is: de baantjesjagers, de beroepsbestuurders, de pluche-plakkers, de ijdeltuiten, de spermaverkwisters. Ontdek wie het stop-woord nooit zal zeggen, dat mooie woordje: genoeg, genoeg!

De vijand van mijn vijand... In de vorige paragrafen heb je gezien wanneer je de arena betreedt. Vervolgens heb ik de omvang van de tegenstand besproken en daarna zijn we ingegaan op de belangen waar je op zult stuiten. Regel bij dit alles is dat je steeds een calculatie maakt in hoeverre de belangen van anderen de jouwe hinderen, bevorderen of er onverschillig langs glijden. Dit is het eerste werk van de arena-analyse.

Er is nog een onderdeel te gaan en dat is om na te gaan hoe de onderlinge verhoudingen liggen. Of zoals Gracián dat zei: de vijand van mijn vijand is mijn beste vriend. In onze konkelende roes moeten we altijd te weten zien te komen, wie van wie houdt, wie er wie haat en om welke redenen!

Haat en liefde rond een filmhuis Laten we de haat en liefde eens aan de hand van een casus bekijken, zodat we zicht krijgen op de geraffineerde doorwerking van dit mechanisme. Laten we ons verplaatsen naar een provinciestadje ergens in Nederland, waar de culturele en politieke elite een gevecht op 'leven en dood' levert om een filmhuis. De hoofdrolspelers zijn de directeur van het filmhuis, de wethouder cultuur, de burgemeester en de directeur van de concertzaal.

Het filmhuis – voormalig koopmanshuis – staat gerenoveerd met zijn trapgevel te pronken aan een schilderachtig grachtje, waaraan nog veel meer huizen van de 'gouden eeuw' staan: een Hollands stadje. Niets verraadt dat zich hier een *petite histoire* van de macht ontwikkelt.

Het filmhuis is twee jaar geleden na een grootscheepse verbouwing en renovatie in dit historische monument gevestigd. De bedoeling was en is, dat het filmhuis zichzelf bedruipt en met commerciële en artistieke evenementen – films, concerten, tentoonstellingen, bedrijfsverhuringen – de nodige inkomsten binnenkrijgt. Omdat er in Nederland een wind waait van cultureel ondernemerschap, is het nieuwe filmhuis niet ondergebracht als de zoveelste afdeling onder de directie 'Cultuur' van het ambtelijk apparaat maar een zelfstandige stichting geworden.

De directeur, aangesteld vanwege zijn commerciële en organisatorische kwaliteiten, lukt het om in de eerste twee jaar met veel zuinigheid de begroting sluitend te krijgen. Een hele prestatie, die teniet wordt gedaan door allerlei noodzakelijke aanloopinvesteringen die het filmhuis moet doen: het dak lekt, de verwarming deugt niet, de spoelkeukens voldoen niet. Er ontstaat een aanzienlijk tekort op de begroting.

De burgemeester vindt desondanks dat het filmhuis een van de parels van zijn gemeente is. Dat blijkt, omdat hij bijna elke week met een delegatie van buitenlandse zakenlieden het prachtige filmhuis bezoekt. Net zoals de directeur zijn filmhuis op de kaart wil zetten wil hij dat met zijn provinciestad doen.

Hij blijkt ook een warm voorstander te zijn van het culturele ondernemerschap, waar Nederland in die tijd zo de mond van vol had. Dit in tegenstelling tot de wethouder van cultuur, die, hoewel hij een partijgenoot van de burgemeester is, vindt dat de overheid de belangrijkste stem in het culturele aanbod moet hebben, omdat als alles aan het commerciële circuit wordt overgelaten er alleen maar elitekunst komt of juist alleen maar plat vermaak.

Om andere redenen is de komst van het zelfstandige filmhuis ook de directeur van de concertzaal een doorn in het oog. Hij heeft inmiddels het historisch museum onder zijn hoede gebracht, evenals de muziekschool, het alternatieve theatertje en het historische kerkgebouw dat voor ontvangsten en grote concerten wordt gebruikt. Hij heeft zich opgedrongen als de procesmanager van het overleg stedelijke culturele instellingen: 'Ik wil alle culturele componenten op elkaar afstemmen'. Hij kon dit doen omdat hij de op een na hoogste baas van de directie 'Cultuur' was.

Binnen het gemeentelijk apparaat wordt flink geroddeld over de heerszuchtigheid van deze man en niet het minst door die ambtenaren die al eens aan den lijve hadden ondervonden hoe nietsontziend deze man in elkaar stak. Alleen het filmhuis, waar indertijd door de gemeenteraad anders over was beslist, dat was (nog) autonoom.

Doordat het filmhuis een tekort heeft op haar begroting, dreigt een mogelijke ontmanteling vanwege een faillissement en een ontslag voor de directeur. Deze vindt trouwens dat hij het goed heeft gedaan: de tekorten zijn ontstaan doordat hij allerlei voorzieningen heeft moeten treffen voor de verwarming, de dakreparatie en de spoelkeuken. Als de gemeente de renovatie maar goed had begeleid en een 'bruikbaar en exploitabel' gebouw had opgeleverd, was er niets aan de hand geweest!

De drie andere hoofdrolspelers zien hun kans schoon om deze ontstane situatie uit te buiten voor hun eigen belangen. De burgemeester gelooft nog steeds in zelfstandige culturele instellingen, een stokpaardje van hem, en wil geen gezichtsverlies lijden. Daarnaast is hij op zijn manier een even pragmatische en commerciële man als de directeur van het filmhuis. Zij begrijpen elkaar.

De wethouder 'Cultuur' ruikt zijn kans. Hier kan een fout, die in het verleden is gemaakt, namelijk het op afstand van de gemeente zetten van een cultuurinstelling, worden gerepareerd.

En de directeur van het theater/concertzaal heeft onlangs nog de directeur van het filmhuis voor een '*entre nous*' uitgenodigd en hem voorgesteld om een nieuw besturingsmodel in te voeren waarbij alle culturele instellingen onder één regie komen te vallen, zodat de afstemming van het aanbod, van alle culturele componenten veel beter kan plaatsvinden. Hijzelf zou dan de algemeen directeur worden en de directeur van het filmhuis zou vanwege zijn organisatorische vermogens de 'facilitaire dienst' mogen doen, de scepter zwaaien over de gebouwen, de beheerders en de administratie, en aan hem rapporteren.

De directeur van het filmhuis heeft dit aanbod geweigerd. Hij was trouwens via een 'lek' in de ambtenarij er al van op de hoogte gebracht dat de directeur van het theater/concertzaal op oorlogspad was...

Hier breken we de casus af, hoewel de geschiedenis ons verder een ontnuchterend beeld zou geven over hoe Nederland bestuurlijk wordt afgeregeld. Het gaat me er nu om de onderlinge relaties in de bovenstaande casus na te gaan.

Dat is wat de directeur van het filmtheater ook nauwgezet heeft gedaan. Hij moest bepalen wie zijn vrienden waren en wie zijn vijanden. In feite waren er twee assen in deze arena: de as directeur filmhuis en burgemeester en de as tussen de directeur theater/concertzaal en de wethouder en wel om verschillende redenen.

Het ambtelijk apparaat behoorde voor het grootste deel tot het kamp van de eerste as. De burgemeester was voor de directeur van het filmhuis de belangrijkste bondgenoot en wel om twee redenen: hun belangen liepen parallel omdat zij beide voorstander waren van zelfstandig cultureel ondernemerschap, en beide hadden een *compatibilité des humeurs*, beide hadden een pragmatische instelling bij het oplossen van problemen.

De directeur van de concertzaal en de wethouder waren zijn grootste vijanden. Voor beiden was hij een fout in de loop van de geschiedenis, een monstrum dat nooit verwekt had mogen worden: een zelfstandige stichting. Zij zouden alles uitbuiten om hem te elimineren. Zij hielden van elkaar. De wethouder zag in zijn concertzaaldirecteur iemand die zijn droom kon waarmaken: alle cultuur weer onder de hoede van de overheid. En de concertzaaldirecteur sloofde zich uit zijn droom verdere voeding te geven: hij zou de wethouder helpen onder conditie dat hij dan de directeur van alle culturele instellingen mocht worden. Dat was de deal die zij ooit hadden besproken.

En de ambtenaren op het stadhuis? Zij waren de oren en ogen van de directeur van het filmhuis. Zij waren de vijanden van de wethouder en de concertzaaldirecteur. Zij waren zijn beste vrienden. De ambtenaren wilden niets anders dan deze twee dwarszitten, hinderen en uiteindelijk ten val brengen. Dan zou de orde van rechtvaardigheid weer hersteld zijn, dan zou het onrecht van het verleden gewroken zijn!

Ik kan je vertellen dat in een spannend gevecht de wethouder en zijn concertzaaldirecteur onderuit zijn gehaald. De stichting bleef zelfstandig. Hoe dat allemaal verlopen is, vertel ik je later misschien nog eens.

Met deze kleine geschiedenis van alledaagse haat en liefde in een gemiddelde provinciestad verlaten we de arena. Want ik wil je in het volgende deel van mijn brief wat vertellen over de machtsbronnen die we tot onze beschikking hebben, of niet...

4 | Bronnen van de macht

Wanneer je als rat de arena betreedt, zul je moeten nagaan uit welke bronnen je tegenstrevers hun macht putten en uit welk vaatje jezelf tapt. Deze kennis heb je nodig om een inschatting te kunnen maken of je er direct op afgaat of dat je eerst meer machtsbronnen moet veroveren.

Je bronnen zijn wel een noodzakelijke voorwaarde voor je succes maar zeer zeker niet voldoende. Zelfs al heb je de beste, de mooiste troefkaarten in handen, in het uitspelen, in het rattenspel zelf toont zich pas de meester. Je kunt een domme fout maken, de ander kan net iets slimmer zijn dan jij. En bovendien heb je ook een flinke portie geluk nodig. Soms is verliezen niets anders dan domme pech!

We onderscheiden voor de professionele rat een negental machtsbronnen. Deze zijn:

- De stevigheid van het monopolie
- De adem van de structuur
- Faciliteringsmacht
- Technologie
- Protocollaire wilsoplegging
- Het wapen van de lijven
- Panoptische onderwerping
- Netwerken
- Betoveringsmacht.

In de volgende paragrafen zullen we bij deze machtsbronnen stilstaan.

De stevigheid van het monopolie

In elk bedrijf zijn personen te vinden die hun macht ontlenen aan een bezit dat zowel schaars als veelgevraagd is. Gelukkig hebben deze mensen niet altijd door dat zij monopolisten zijn en een wapen in bezit hebben waarmee zij ons kunnen manipuleren, ons dingen kunnen laten doen die niet in ons maar alleen in hun belang zijn. Een monopolie is voor ons uitstekend omdat we de ander afhankelijk maken en houden. Daarom moeten we er zuinig op zijn.

Het is een misvatting dat in onze economie ondernemers, professionals en technici de vrije markt en concurrentie omarmen en omhelzen. Integendeel, als ondernemingen de kans krijgen, worden zij allemaal monopolisten, omdat zij dan de regels van het spel kunnen bepalen... in hun eigen belang. Spiegel je maar aan grote softwarefirma's. Wat voor zulke ondernemingen geldt, geldt ook voor jou.

Je moet op zoek naar dat felbegeerde voorwerp, die felbegeerde dienst, die felbegeerde kennis, waarover maar weinig collega's de beschikking hebben. Maar waar vind je die?

Hulpbronnen In de meeste organisaties zijn mensen te vinden die je leven eenvoudiger en moeilijker kunnen maken. Zij regelen voor jou het drukwerk, de installatie van je computer, leveren je een GSM, kunnen een zaal in orde maken, en helpen je via een helpdesk je nieuwe DVD-speler aan de praat te krijgen. Zij hebben de beschikking over een bron waar je gebruik van moet maken.

Over het algemeen voel je ook wel de afhankelijkheid die hierin zit opgesloten, en zul je met al je psychologische talenten hen in een aan jou dienstbare gesteldheid proberen te krijgen. Gelukkig zijn deze mensen meestal uitgezocht op en in diverse klantgerichte trainingen verder gekweekt in dienstbaarheid om hen ervan te weerhouden zich als arrogante monopolist op te stellen.

Maar iedereen kent ook wel die ene technicus, die ene secretaresse en die ene afdeling bij wie het monopolie zeer scherp op het netvlies staat. En in plaats van ons aan hun gedrag te ergeren, moeten we juist voor deze uitwerking van de wil tot macht een grote bewondering hebben.

Kun je zelf zo'n hulpbron veroveren, prijs jezelf dan gelukkig. De eerste machtsbron is binnen.

Kennis, expertise en ervaring In het verlengde van de hulpbronnen liggen je kennis, expertise en ervaring. Ook deze zijn bronnen van macht. Helaas is veel kennis en know-how een massaproduct dat eenvoudig verkrijgbaar is, en berust je voorsprong op anderen op niet anders dan dat je er wat langer mee werkt en er wat langer ervaring in hebt.

Tegenwoordig word je ook van alle kanten aangespoord om je kennis en ervaring te delen omdat dat gunstig is voor het bedrijf als geheel. Hier moet je voor waken, omdat je met het delen van je kennis ook je machtsbron deelt. En hoe meer mensen ervan drinken, des te sneller is hij leeg.

Je ziet ook dat professionals zich in de loop van de tijd in bepaalde 'kunstjes' specialiseren. Bevestigd door applaus van anderen en in een herkenning van het eigen talent, worden zij op hun eigen en unieke wijze meester van een bepaald probleemgebied, een vaardigheidscluster. Zij krijgen macht.

Zorg ervoor dat je over wat kennis en ervaring beschikt, hoe bescheiden en klein deze ook is. Je kunt er allicht wat mensen mee onder de duim houden.

Zekerheden In veel bedrijven en organisaties is de grootste demon 'de onzekerheid', de onvoorspelbaarheid van de afloop van de onderneming die men met elkaar is aangegaan.

Heel veel maatregelen in organisaties zijn erop gericht deze onzekerheid uit te sluiten, of zoals altijd gezegd wordt: om de baas niet voor verrassingen te stellen. Maandelijkse rapportages, marktonderzoek, trendanalyses, omkoperijen, kartelvorming, kwaliteitsmanagement, opleiding en training, plannenmakerij, cockpitten, kun je gerust vanuit het standpunt van onzekerheidsreductie beschouwen. 'Loopt het goed af? Maken we goede kansen?' Wat dat betreft zijn de bedrijfskundige wetenschap en alle professionele praktijken een vervolg op het analyseren van darmen, het bestuderen van sterren, het maken van creatiespiralen en het leggen van tarotkaarten.

Managementgoeroes, HRM-profeten, organisatieadviseurs verdienen er een goed belegde boterham mee. Zij zijn met hun koffertjes met checklists, applicaties en presentaties de professionele reduceerders van onzekerheid. Zij hebben macht over je, omdat je je aan hen uitlevert vanwege je onzekerheid. Het is dat het al gezegd is, anders zou een managementgoeroe vast de woorden hebben gesproken: 'Ik ben de weg, de waarheid en het leven'.

Dus als je in staat bent om met woordjes en instrumentjes, met kraaltjes en spiegeltjes, andere mensen het gevoel te geven dat je ze voor een aanzienlijk deel van hun onzekerheid zult verlossen, dan zullen ze je voor eeuwig dankbaar zijn: jij hebt het licht in hun duisternis gebracht.

Wanneer je – omgekeerd – in staat bent onzekerheid te aanvaarden, zoals sommige mensen hun hoofdpijn aanvaarden of hun pijnlijke knieën – je kunt alleen maar je best doen, je hebt soms geluk, soms pech, soms een goede dag, meestal een slechte – zul je minder door je fantasieën over een slechte afloop worden bezocht en zal je verlangen naar professionele reduceerders van onzekerheid verminderen. Op jou hebben ze dan geen vat. Van alle machtsbronnen is deze bron het eenvoudigst uit te schakelen.

De adem van de structuur

Werkers werken. Bazen zorgen daarvoor. En de bazen van de bazen? Houden zij zich met hun werkprocessen bezig? Nee, ik moet je teleurstellen, de bovenbazen zijn met de organisatie bezig, met de permanente verbouwing, die organisatieverandering heet. Zij zorgen ervoor dat er leven in de brouwerij komt, blijft of verdwijnt.

Hier voelt men de adem van de organisatie. Hier treft men de macht van de structuren. Hier verplaatst men stoelen, tafels en mensen. Kijk naar het speelbord, waar de generaals met hun schuivers hun legers verplaatsen. Kijk naar de onderneming als een logistieke aangelegenheid. En zie de plaatsing en herplaatsing van lijven en goederen.

In- en uitsluiting Je kunt medewerkers uitstekend macht geven of ontnemen door ze een bepaalde plaats in de logistieke structuur van het bedrijf te geven.

Een kwestie van analyseren en berekenen, zoals die verpleeghuisdirecteur deed die ik jaren geleden ergens in de zuidelijke Randstad ontmoette en die mij in geuren en kleuren vertelde hoe hij halsstarrige verpleegsters een hak had gezet. Want wat was het geval? In zijn verpleeghuis was hij al een tijdje bezig een belangrijke verandering door te voeren, die inhield dat de verpleegkundigen volgens een nieuw systeem zouden gaan werken. Zij zouden van taakverpleging over gaan naar teamverpleging.

Voor als je niet in de gezondheidszorg thuis bent: taakverpleging wil zeggen, dat het zorgproces ontleed is in elementaire handelingen (billen wassen, temperatuur opmeten, praatje maken, gebitten in de mond stoppen) en dat voor elke taak of cluster van taakjes een aparte zuster of broeder langs het bed komt. Zo kun je in de drukke periode van de ochtend meerdere verpleegkundigen of verzorgenden langs je bed krijgen: een vorm van lopende-band-verpleging. Je kunt je voorstellen dat noch patiënten, noch de meeste verpleegkundigen hier erg gelukkig mee waren: je menselijkheid wordt je ontnomen omdat je alleen nog maar gezien wordt als een object waaraan op efficiënte wijze een paar handelingen moeten worden verricht. Teamverpleging heeft deze ontmanteling van de menselijkheid minder in zich, omdat een klein groepje verpleegkundigen voor een aantal patiënten de gehele zorg voor hun rekening neemt: je ziet als patiënt dezelfde gezichten en kunt een wederzijdse verstandhouding opbouwen.

Toen die directeur mij dit had uitgelegd, kon ik alleen maar antwoorden met 'dat zal iedereen wel van harte willen.' En tot mijn stomme verbazing antwoordde de man: 'Nee, ik heb een groep verpleegkundigen die niet mee wil. Zij willen op de oude voet doorgaan.' Waarop ik moest weten, hoe hij met dit probleem wilde omgaan, wat hij met die halsstarrige 'plegen' ging doen.

Toen ik de vraag had gesteld, begonnen zijn ogen te glimmen en te glinsteren: 'Zie je daar die vleugel?' Hij wees me door het raam op de zijvleugel van zijn verpleeghuis. 'Op de bovenste verdieping ben ik een PG-afdeling begonnen, een afdeling voor zware psychogeriatrische patiënten. Het zal op termijn een nagenoeg afgesloten afdeling worden. Want ze zijn zo dement als een oude deur. En daar stop ik al die verpleegkundigen die geen teamverpleging willen doen, ook in. Daar kunnen zij op hun oude manier doorgaan met verplegen. Die oudjes hebben er geen last van, want ze hebben toch geen enkel besef meer...' Hij stopte even en boog zich wat naar voren: '...en ik heb er ook geen last van.'

Toen ik terugreed over de Van Brienenoordbrug, was ik diep onder de indruk van deze 'move' en met name van het opportunisme en het calculerende karakter ervan. In de jaren daarna zouden nog vele gevallen van het gebruik van deze machtsbron mij ter ore komen, maar ja, ik was nog een beginnend consultant.

Sommige problemen los je op door ze achter slot en grendel te plaatsen, door de organisatiestructuur te gebruiken.

Faciliteringsmacht

In het vorige deel van mijn brief heb ik je het voorbeeld gegeven van een concertzaaldirecteur die een stedelijk overleg van culturele instellingen voorzat. Deze man moeten we in de gaten houden, omdat hij ons een bron van macht laat zien die in en tussen bedrijven steeds meer voorkomt: faciliteringsmacht. Het is een bron die je, als je een beetje met mensen kunt omgaan, snel tot je beschikking krijgt.

De werking ervan is als volgt. In veel organisaties zijn wel veranderingen aan de gang: nieuwe methoden, nieuwe technologie, nieuwe markten en nieuwe bazen. Een deel van deze veranderingen en vernieuwingen krijgt op een gegeven moment een bedding in projecten. Hierin werken mensen, zoals bekend, aan de realisatie van een gegeven doel, binnen een bepaalde tijd, met bepaalde resources.

Daarnaast zijn er ontwikkelingen in organisaties die veel meer een 'open einde' hebben en niet zo in een stramien zijn gezet als bij projecten het geval is. De aandacht is dan minder gericht op het doel, maar op wat genoemd wordt 'het proces': de stroom der gebeurtenissen die tot vernieuwing, iets anders moet leiden. In het geval van onze theaterdirecteur in de richting van een groter en breder aanbod van cultuur in de gemeente.

Punt is vaak dat je met diverse partijen te maken hebt, die hun eigen belangen en verlangens hebben. Je kunt ze niet zomaar de mond snoeren, buitenspel zetten, of anderszins hinderen, omdat zij ook over bepaalde machtsbronnen beschikken. In zulke situaties wordt vaak iemand aangesteld die als opdracht heeft om het proces te volgen en waar nodig de mensen op te roepen de bedding wat te verleggen, een dammetje te doorbreken, een paar zandzakken op te werpen. De rol van zo'n persoon is om de gang van zaken te vergemakkelijken, te faciliteren.

De procesbegeleiders ontlenen hun macht aan het proces zelf en kunnen daarin een belangrijke sturende of juist afzijdige rol hebben. Je kunt agenda's bepalen, mensen vleien en bedreigen. Je gaat met de stroopkwast rond en dan weer eens rammel je met de kettingen. Je kunt het hele repertoire van de intrigant van zolder halen, wanneer je zo'n *maître des plaisirs* bent.

Technologie

Ik kan er niet genoeg op hameren dat technologie zelf een bron van macht is. De omvang en de aard van de hulpmiddelen, instrumenten, technieken bepalen de interacties van mensen rondom de 'machines', wat ze doen en waarover ze zeggenschap hebben.

De grootschalige verandering van de technologie in de wereld van de banken laat dit goed zien. Moest je vroeger naar een gebouw om je bankzaken te regelen, tegenwoordig word je als consument aangemoedigd om vooral te telebankieren en van allerlei bankautomaten gebruik te maken. De nieuwe informatie- en communicatietechnologie maken de fysieke aanwezigheid van 'kantoren' minder noodzakelijk.

Dat betekent ook dat er minder bankemployés in de plaatselijke kantoren noodzakelijk zijn en dat zij van minder belang voor de bank worden. Daarentegen wordt de macht van hen die de technologische infrastructuur regelen en bedenken van groter belang. Met het verdwijnen van kantoren verdwijnen ook de persoonlijke contacten tussen de bank en haar klanten. Het is niet voor niets dat deskundigen op het gebied van relatiemanagement steeds belangrijker worden. Zij moeten binnen het nieuwe onpersoonlijke technische systeem nadenken over wat zij 'de persoonlijke bediening' van de klant noemen.

De introductie van nieuwe technologie leidt altijd tot een verandering in de machtsverhoudingen. Sommige groepen medewerkers en managers boeten aan macht in – bij hen zal grote weerstand te verwachten zijn en vanuit hun machtsoptiek terecht – en andere krijgen er wat bij.

Protocollaire wilsoplegging

Een belangrijke bron van macht vind je in allerlei regels, procedures, voorschriften, statuten en wet- en regelgeving. We noemen dit protocollaire bronnen. Je kunt er aanwijzingen in vinden om je rechten te doen gelden en je plichten te ontduiken. We hoeven als rat alleen naar de regels of naar de geest van de regels te leven als het ons zo uitkomt.

Een fraai staaltje kreeg ik te horen van een ondernemer ergens in het land, die op een gegeven moment in het familiebedrijf van zijn vrouw ging werken. Op een grijze ochtend bij vele koppen koffie vertelde hij mij zijn verhaal, dat ik hier verkort zal doorvertellen omdat het zo goed het gebruik van protocollaire bronnen illustreert.

Het grote punt voor deze ondernemer was dat de aandelen van het bedrijf, toen hij in dienst kwam, in handen waren van zijn vrouw en de broer van zijn vrouw. Ieder had de helft. De zwager had aangegeven uit het bedrijf te willen stappen en de aandelen voor een redelijke prijs aan hem te willen verkopen. Aan de keukentafel spraken ze af dat de zwager in vijf jaar tijd zijn aandelen aan hen voor een redelijke prijs zou overdoen. Na die periode kon hij dan volop van zijn pensioen genieten.

Maar wat gebeurde er? Zijn zwager zag er na twee jaar toch maar van af en wilde de laatste 30 procent van de totale aandelen niet meer aan zijn zus en zwager verkopen. Hij wilde niet op een dood spoor komen te staan. Hij vond zich daar toch te jong voor. En zoals bij zoveel overnames in familiebedrijven stond er van de aandelenoverdracht niets op papier.

Een bijkomend probleem werd dat hun zwager allerlei broodnodige vernieuwingen in de bedrijfsvoering in de weg ging staan. Er moesten diverse besluiten genomen worden, maar hij lag telkens dwars. En dat kon hij heel effectief omdat hij nog steeds 30 procent van de aandelen had. Want in allerlei statuten stond dat belangrijke besluiten alleen bij 75 procent meerderheid van de stemmen genomen konden worden. De ondernemer en zijn vrouw hadden pas 70 procent.

Ze zaten dus klem. Dat werd steeds erger, zo vertelde hij me, omdat zijn zwager, die ook een directeursfunctie in het bedrijf had, steeds minder deed en eigenlijk ook niet genoeg in huis had om de vernieuwde onderneming samen met hem te leiden. Zijn hoofd stond vooral naar verbrassen en meer salaris.

Het belang van de ondernemer werd dus om zijn zwager zo snel mogelijk uit het familiebedrijf te wippen en de rest van zijn aandelen over te nemen zodat hij en zijn vrouw de algehele macht kregen. Een bevriende bedrijfskundige hielp hen daarbij.

Eerst werd het dossier opgebouwd rondom de zwager, zodat op termijn bij de rechter aangetoond kon worden dat hij steeds faalde en dat het bedrijf er alles aan had gedaan om de zwager toch een goede plek te geven en met hem samen te werken, en dat het zijn eigen schuld was dat hij weg moest. Tegelijkertijd zou een andere protocollaire kaart gespeeld worden.

Deze protocollaire kaart vraagt een korte uitleg. Zoals zoveel familiebedrijven had ook dit bedrijf een ondoorzichtige structuur en bestond het uit vele BV's die ook weer eigendom van andere BV's waren. Boven deze spaghettimaaltijd stond een stichting, een administratiekantoor, waar de besluiten genomen moesten worden over de directie van het familiebedrijf. Deze stichting was cruciaal in het gevecht.

Het werd een kwestie van koppen tellen en statuten goed lezen. Het bestuur van de stichting had vier zetels, die werden bezet door mijn gesprekspartner, zijn vrouw, de zwager, hun moeder. De moeder durfde en wilde geen beslissingen nemen. Zij wou noch haar zoon noch haar dochter afvallen.

In de statuten was een dam opgeworpen tegen couppogingen, zoals wel in meer organisaties en bedrijven gebeurt, en die was, dat bij wijzi gingen in de directie iedereen aanwezig moest zijn en dat minimaal drie personen vóór het besluit moesten stemmen. In het stichtingsbestuur zou de oom nooit ontslagen kunnen worden, omdat er altijd één persoon tegen zou stemmen, de zwager, en één neutraal bleef, de moeder.

Gelukkig was er voor mijn gesprekspartner en zijn vrouw een ontsnappingsroute. Er stond namelijk ook in de statuten dat als niet iedereen op de vergadering aanwezig was, de overige leden een nieuwe vergadering moesten uitschrijven die binnen acht weken gehouden zou moeten worden. En bij deze vergadering was een stemverhouding van een gewone meerderheid (50%) nodig om een besluit te nemen. En mochten de stemmen staken, dan zou degene met de meeste aandelen de doorslag geven. Dat was op dat moment de vrouw.

Het traject werd in werking gesteld en de eerste vergadering uitgeschreven, agendapunt: ontslag zwager. De ondernemer en zijn vrouw wisten dat de moeder niet durfde te kiezen, waardoor ze zeer waarschijnlijk weg zou blijven op de vergadering. Hetgeen ook geschiedde.

De tweede vergadering is er nooit meer gekomen, want de zwager had wel door dat hij op alle fronten zou verliezen. De casus was inmiddels opgebouwd, het stichtingsbestuur zou hem ontslaan, de rechtszaak zou de zwager naar alle waarschijnlijkheid verliezen. Een week na de verdaagde vergadering vertelde de ondernemer zijn zwager, dat hij zijn ontslagzaak zou doorzetten en dat hij er ernstig rekening mee moest houden dat wanneer hij uit het bedrijf was, de directie zou bepalen dat er aan hem geen dividend meer voor zijn aandelen zou worden uitgekeerd.

Ai. De zwager zou voor vele tonnen aan aandelen in het familiebedrijf hebben maar er helemaal geen vruchten meer van kunnen plukken, tenzij, tenzij.... Tenzij hij zijn aandelen alsnog binnen drie jaar voor een redelijke prijs zou verkopen aan de ondernemer en zijn vrouw, en genoegen zou nemen met een redelijke ontslagpremie. En aldus geschiedde.

De familieverhoudingen? Die zijn tot op vandaag verstoord gebleven.

De reden dat ik dit voorbeeld zo gedetailleerd weergeef, is dat het op zo'n fraaie wijze het gebruik van protocollaire machtsbronnen laat zien in een alledaagse strijd om de macht, in een familiebedrijf, ergens in Nederland, zoals die elke dag opnieuw gevoerd wordt. Kijk dus altijd even naar de regels, de procedures, de statuten. De protocollen waarin is vastgelegd wat wel en niet kan, komen je van pas.

Het wapen van de lijven

Het lichaam, die zak vol lauw water en kluiven, die we niet als een machtsbron mogen veronachtzamen omdat het met al zijn eigenaardigheden direct voorhanden is.

Kracht Hoewel ik je in deze brief niet oproep tot het gebruik van geweld om geschillen te beslechten, moet ik je er wel op wijzen. Er doen zich situaties voor waar de machtsstrijd in en tussen organisaties ook met rake klappen gepaard gaat.

Zo heeft zich niet al te lang geleden een strijd voorgedaan tussen een aantal particuliere vervoersbedrijven, die in een grote stad elkaar op diverse manieren het leven zuur maakten, waarbij het lichaam als bron van macht werd ingezet. Menig taxichauffeur heeft toentertijd blauwe plekken opgelopen. Menigeen had er zijn goede redenen voor en was speelbal van zijn emoties, omdat hij maar een mens was die voor zijn broodwinning opkwam.

Al in de vroege klassieke oudheid werd verschil gemaakt tussen de strijd met woorden en de strijd met geweld. De eerste behoorde tot het terrein van het bestuur, de tweede tot dat van de oorlogsvoering. In beide werden de jongemannen getraind, maar het waren wel verschillende terreinen, die op straffe van de ondergang van de politieke cultuur niet met elkaar vermengd mochten worden.

Dit geldt ook voor de 'rat', de mascotte van de amorele professional die in zijn werk zijn belangen nastreeft. Laat de twee terreinen niet in elkaar overlopen. Het lichaam biedt meer nuttige kwaliteiten dan de kracht en het ermee samenhangende geweld.

Geslacht Een van de aardigste manieren om mensen te manipuleren is door gebruik te maken van hun geslacht. Sommige professionals zijn redelijk eenvoudig op hun man- of vrouwzijn te 'runnen', hoe graag ze dat ook niet zouden willen.

Er zijn krachten werkzaam die dominanter zijn dan de bewuste geest en deze te manipuleren geeft een grote voldoening vanwege de fantastische resultaten. Van belang is dat je geen afkeer van stereotypen en vooroordelen hebt zoals de huidige humane moraal je voorschrijft: stereotypen en vooroordelen beoordeel je op het nut voor je streken en niet op hun schending van de intrinsieke en unieke waarde van ieder mens. Laten we derhalve snel naar twee voorbeelden kijken, die ons tonen hoe je van de stereotypie van vrouwen en mannen gebruik maakt.

Ik was ooit gesprekspartner van een bestuurder van een Hogeschool ergens in Nederland en zij voldeed aan alle stereotypen van vrouwen op hoge posten. Zij was gewoon een heks, een 'bitch'. Een wrat met drie haren op de kin had haar niet misstaan. In de gesprekken was ze niet zomaar zakelijk, nee, ze was kil, arrogant, minachtend, afstandelijk, ijzig en ze was een toptalent om jou de hele tijd het gevoel te geven dat jij het had gedaan. Kortom, een nare vrouw die een bezem uit de zevenserie vloog. Maar zelfs bij deze heks was de stereotypie van de vrouw werkzaam, diep weliswaar, maar hij werkte.

Op een gegeven moment deed ik mijn beklag dat een aantal directeuren allerlei ontwikkelingen frustreerde, dat het met hen slecht kersen eten was en dat ze heel vervelend waren. Waarschijnlijk had ik de juiste woorden gekozen, de juiste toon getroffen, de juiste lichaamshouding aangenomen, want zelden heb ik een snellere transformatie van Heks naar Moeder meegemaakt dan op dat moment. Haar benige lichaam werd ronder, haar haakneus slonk ter plekke, de borsten werden tot zogen in paraatheid gebracht, de moederlijke hormonen kolkten in dat lichaam: 'Dit is schandalig, ik maak er direct een notitie van en zal er achterheen zitten. Dit kan niet. Dit mag je niet overkomen.' Punt gemaakt en ze ging tot actie over.

Vanaf dat moment wist ik dat deze ijzige bestuurder in haar zorgzame vrouwelijkheid haar zwakke plek had en dat ik slechts een klein jongetje hoefde voor te wenden om haar doen en laten als een heroische filmregisseur te manipuleren hoe ik maar wou.

En als je denkt dat alleen vrouwen op deze wijze te manipuleren zijn, dat mannen daarbuiten en -boven staan, moet ik je teleurstellen. Mannen zijn net zo bespeelbaar. En het enige wat je van mannen moet weten is dat zij het liefst op pad gaan om de gevaren tegemoet te treden, zodat ze het genot van de adrenaline mogen smaken. Dan komen ze goed voor je in actie.

Laat ik dit illustreren met een voorbeeld uit de huiselijke sfeer. Stel je hebt een man in huis die niet naar jouw verzoeken luistert en dat verzoek luidt om een gaatje te boren om een schilderij op te hangen. Natuurlijk kun je dat zelf doen, maar om opportunistische redenen heb je daar van af gezien.

De ervaring leert dat bij veel mannen het pure 'vragen' tot weinig zichtbare inspanning leidt. Vragen helpt niet, tot die conclusie ben je inmiddels gekomen. Het enige wat er nog op zit is om deze man naar de dreiging te sturen, zodat hij als held kan thuiskomen. En waarom zou je hem dat pleziertje misgunnen als jij er ook beter van wordt?

Dus pak je op een zondagmiddag, als je man ook in de kamer zit, de boor van zolder en ga je alle onderdelen uitvoerig neerleggen. Je kijkt mismoedig en probeert de verkeerde boor in het verkeerde gaatje. Moet je eens zien, hoe snel je man naar de tafel komt. Hij ziet het gevaar – jij gaat boren –, krijgt een adrenalinekick en wil het gevaar neutraliseren: 'Laat mij dit maar even doen.'

Op dat moment moet je geen 'ja' zeggen, maar de dreiging nog even vasthouden, zodat hij goed in zijn adrenalinestatus komt: 'Zou je dat wel doen, schat? Je was zo lekker aan het lezen op de bank?' Op dat moment is hij verkocht, slachtoffer van zijn eigen mannelijkheid, terwijl jij aan de knoppen van zijn dreiging, zijn uitdaging zit! Nog enkele seconden en hij staat het gat te boren, terwijl jij er met de stofzuiger naast staat om direct de kalk uit het gaatje weg te zuigen.

Werken deze mechanismen altijd? Kun je vrouwen altijd op hun moederlijkheid en mannen op hun strijdvaardigheid manipuleren? Natuurlijk moet het antwoord nee zijn, de concrete mens is zoveel complexer dan hij of zij in de stilering van een brief kan zijn. Maar laat je niet weerhouden om als de gelegenheid zich voordoet van de geslachtelijke stereotypen goed gebruik te maken!

Leeftijd Soms blijven de terzijdes van een boek of iemands terloopse opmerkingen in een gesprek je beter bij dan de zaak waar het om ging. Ergens vermoed je een diepe waarheid, een ervaring vol wijsheid, een gevoel van grote opluchting vanwege de hoop die er uit spreekt. Niet voor niets hebben vele filosofen aforismen geschreven, maar dit ter zijde.

Ik was een student van begin twintig en bij het verlaten van een werkgroep, die over communicatieprocessen ging, fluisterde mijn leermeester, een forse man met vriendelijke ogen, grijs golvend haar en een zeer omvangrijke en volle snor, mij grinnikend toe dat hij in de diverse besturen waar hij voorzitter van was steeds minder hard hoefde te werken. Ik keek hem verwachtingsvol aan. 'Ja, ik hoef steeds minder aan te tonen en te rechtvaardigen waarom ik iets vind. En daar kan ik niets aan doen. Dat heeft met mijn grijze haren te maken, met mijn leeftijd.' Tegenwoordig zeggen jongere collega's dit wel eens tegen mij, namelijk dat ik het veel makkelijker heb dan zij omdat ik mijn leeftijd mee heb.

Ik wil hier niet het platgetreden pad van het stereotype denken bewandelen, als zouden jonge professionals, de junioren, de vruchten van hun wendbare onbevangenheid en hun tomeloze energie plukken terwijl oudere professionals, de senioren, het vooral van hun rijpheid, levenservaring en grijze haren moeten hebben, omdat zo'n grofmazige analyse de subtiliteit van de werkelijkheid te kort zou doen.

Wel wil ik je aansporen om je leeftijd vooral als opportunistische bron van macht te zien en deze uit te buiten door deze te accentueren of te verdoezelen naar gelang de situatie dat vereist, waarbij je wel in de gaten moet houden dat een te ouwelijk geaccentueerde junior en een jeugdigheid fakende senior voor velen ongeloofwaardig zijn.

Toen ik ooit een lezing gaf aan studenten van een bedrijfskundige opleiding aan een universiteit in een stad die graag de armen uit de mouwen steekt, was ik omgeven door jonge mannen en een enkele vrouw, in het driedelige grijs, antraciet en blauw van pak en mantelpak, die hoewel zij de gedragingen van senioren in het bedrijfsleven uitstekend hadden geïmiteerd, toch ongeloofwaardig overkwamen vanwege de overmaat aan verdoezeling van datgene wat juist hun bron van macht had moeten zijn: jeugdigheid.

En omgekeerd heb ik ooit een collega leren kennen, die in zijn eerste presentatie de taal van energie, daadkracht, er-tegen-aan-gaan sprak, terwijl zijn ogen, ja het waren zijn ogen, een ander lied zongen, een lied van rust en zich langzamerhand terugtrekken. In mijn latere gesprekken met hem gaf hij dat ook toe.

Aantal Van de vele bronnen van macht is misschien de aaneensluiting van de lichamen de meest gebruikelijke: eendracht maakt macht. We zien deze bron op vele manieren terug. Of het nu gaat om vakbonden, serviceclubs, partijen, milieuorganisaties, de bron van macht is mede afhankelijk van het aantal koppen dat geteld kan worden.

De rat zal in zijn strijdvaardige leven herhaaldelijk bondgenoten moeten zoeken om zijn wil door te kunnen zetten. Wie termen als 'draagvlak', 'platform', 'de meute meekrijgen' gebruikt, probeert de macht te vergroten door het aantal van zijn medestrijders te vermeerderen.

Panoptische onderwerping

Hoe beter je zicht op je tegenstander wordt, des te groter is je kans dat je deze uitschakelt of voor je karretje spant. Niet voor niets wordt in de vele handboeken over machtsspelletjes aan deze bron ruime aandacht besteed. Er zijn drie aspecten te onderscheiden.

Spioneren De ware rat gaat als vriend maar gedraagt zich als spion, zoals Gracián ooit zei. Hierin komt het eerste deel van de panoptische onderwerping scherp tot uitdrukking.

Veel van je werk als rat zal bestaan uit '*human intelligence*', de werkzaamheden waarin geheime diensten zich hebben gespecialiseerd. Ook wij, ratten in de organisaties, moeten infiltreren in groepen zodat we chefs, medewerkers, collega's, klanten en toeleveranciers kunnen bespioneren die voor ons van belang zijn en over hen inlichtingen kunnen inwinnen. Heb je al een lijst van 'verdachte' personen?

De leidraad daarbij is steeds dat wij informatie verzamelen over de verborgen bedoelingen, strategieën, plannen en activiteiten van de ander, zodat we niet voor verrassingen komen te staan in het spel van zet en tegenzet en bijtijds onze maatregelen kunnen treffen. We zullen daartoe, zoals ik reeds eerder zei, de juiste rapporten op het spoor moeten komen, ons moeten infiltreren in de hofhouding rond het topmanagement, regelmatig argeloos deze en gene moeten uithoren – en er zijn altijd mensen in de organisatie die of uit ijdelheid of uit rancune willen lekken.

Het belangrijkste is echter om vooral als 'vriend' te gaan, ons voor te doen als iemand die te vertrouwen is en het goed met de ander voor heeft, ons als een professionele coach te gedragen, het vertrouwen uit te stralen dat zijn sores, zijn overwegingen, zijn ambities en dromen bij ons veilig zijn. Ga als vriend maar wees een spion.

Ga *undercover*. Val niet op, of juist in zeer sterke mate, maar zorg er altijd voor dat de ander geen enkel zicht krijgt op jouw ziel en zaligheid, jouw zwakke plekken, jouw belangen, jouw doelen. Maar wees voor de ander ook weer geen raadsel. Geef argwaan geen kans.

Meten Ben je in de situatie om mensen de maat te nemen, prijs je gelukkig. Je hebt een wapen in handen waarmee je het veel mensen ongemakkelijk kunt maken. Door middel van allerlei meetinstrumenten kun je van alles en nog wat zichtbaar maken: prestaties, ambities, persoonlijkheidstype, winstgevendheid, competenties en incompetenties van anderen, gewerkte uren, aanwezigheid, internetgebruik, telefoongebruik. Noem maar op.

Elke organisatie wil toezicht op het gedrag van haar medewerkers en het vreemde is, dat hoe meer je je eigen gang mag gaan – doelen en werkwijze bepalen – des te stringenter word je gemeten en in de gaten gehouden. De afwezigheid van een toezichthoudende chef of voorman wil niet zeggen dat de wil van de organisatie om alles te weten is afgenomen, nee, men heeft om redenen van efficiëntie gekozen voor andere methoden van observatie.

Want niets wordt er in een organisatie zoveel gevreesd als mensen die hun eigen gang gaan. En werk je in een bedrijf dat initiatief en zelfsturing predikt, ga dan maar eens op zoek waar de slagbomen liggen. Deze zijn te vinden in de meetsystemen van het bedrijf. Maak je geen enkele illusie als je in een modieuze zelfsturende organisatie werkt: er zal altijd toezicht zijn. Je kunt gaan en staan waar je wilt, maar je blijft altijd zichtbaar voor de ander zodat hij kan ingrijpen als dat nodig is.

Dit aspect van meten heeft twee gevolgen voor je.

Aan de ene kant moet je zorgen dat je zo onzichtbaar mogelijk wordt voor de organisatie, tenzij zichtbaarheid in je kraam van pas komt: scheid werk en privé-leven, praat niet over zingeving, leuter niet over je diepste carrièrewensen, kijk of allerlei meetcijfers echt moeten worden opgegeven, houd een privé-e-mailadres aan, neem een eigen GSM-abonnement. Wees voorzichtig met coaches, vertel niet teveel aan je managers of collega's. Koester de kleine maatregelen om aan de alom aanwezige wens tot zichtbaarheid te ontkomen.

Aan de andere kant, woeker met je talenten om de ander zoveel mogelijk door te meten en te peilen. Gebruik speelsgewijs checklistjes. Laat je collega's eens een persoonlijkheidstestje invullen. Meet je medewerkers door tot het punt dat zij nog net niet in openlijke vijandigheid uitbarsten. Want wie wat meet, die weet wat!

Zelfcorrectie Het voordeel van zichtbaarheid is tweeërlei. Aan de ene kant leidt panoptische macht tot zelfcorrectie en aan de andere kant tot het treffen van maatregelen als de zelfcorrectie tekort schiet. Voor de meeste mensen is het voldoende te weten dat zij zichtbaar zijn. Dan gaan zij zich al goed gedragen. Bovendien leidt observatie tot gedetailleerde kennis van de sterktes en zwaktes van je medewerkers.

Er is een nóg groter voordeel! In de spiegel van de metingen zullen velen zelf conclusies trekken over wat ze wel en niet kunnen. Ze weten direct of zij tot die naturen behoren die de race om het leiderschap in mogen, of dat zij zoveel weeffouten in hun innerlijke bedrading hebben dat elke carrière in die richting voor hen is afgesloten. Je hoeft niet eens meer een slecht-nieuwsgesprek te houden.

Meten maakt de mooiste exemplaren van het professionele geslacht zichtbaar. Je kunt ze goed selecteren en verder telen. De mindere naturen transporteer je naar de B-markt of elimineer je met bedrijfsmatige euthanasie: ontslag.

Netwerken

De juiste mensen kennen op de juiste plek op het juiste moment. Een agenda gevuld met telefoonnummers. Dat is een bron van grote macht, zoals ik je schreef.

Het is dan ook opvallend dat er altijd nog veel professionals zo druk met hun werk bezig zijn dat zij het belangrijkste verwaarlozen: hun netwerk. Dit is een verkeerde prioriteitstelling. Het netwerk heb je nodig voor informatie, je klanten, kruiwagens, huurmoordenaars, medestanders, geld en ... macht. Besteed minimaal drie dagen per maand aan je netwerk en je zult er de lekkerste vruchten van plukken.

Soorten netwerken Er zijn veel netwerken waar je gebruik van kunt maken. Binnen je bedrijf moet je vooral het netwerk van de hofhouding opsporen, omdat je, zoals gezegd, hier veel informatie kunt vinden. Verder heb je doorgaans ook het netwerk van het middle management: mannen en vrouwen die elkaar regelmatig in een of ander overleg tegenkomen. De macht van deze managementlaag is dat zij een voorstel van de top kunnen maken en breken, in ieder geval aanzienlijk kunnen hinderen. En vergeet vooral niet het netwerk van vakgenoten aan te boren. Zij kunnen je helpen allerlei ideeën die je hebt te realiseren.

Misschien zijn de netwerken buiten je organisatie wel veel belangrijker: de relevante ambtenaren in de gemeente, bij de provincie of rijksoverheid die je op gegeven moment 'mee' moet zien te krijgen. Of heb je de medewerking en steun van een werkgevers- of werknemersorganisatie nodig? Of heb je meer te verwachten van etnische netwerken, vrouwennetwerken, noem maar op. Of zakennetwerken, een kliek van ondernemers en bestuurders die elkaar steeds de zakelijke bal toespelen.

Je zult merken dat sommige netwerken zo gesloten zijn als de maffia, omdat zij iedereen uitsluiten die niet tot 'de familie' behoort. De meeste daarentegen hebben een open karakter.

Knooppunten Speciale aandacht wil ik vragen voor het verschijnsel van de knooppunten van netwerken. De meeste netwerken overlappen elkaar wel ergens. Je kunt speciale macht verwerven als je deze knooppunten opzoekt en bezet houdt. Je kunt dan optreden als de intermediair van beide netwerken.

Elk netwerk heeft op gezette tijden informatie nodig uit een ander netwerk en vice versa. Door op het knooppunt te zitten maak je beide netwerken voor informatie van jou afhankelijk. Je bewaakt als het ware de grenzen en laat door wat voor hen en voor jou relevant is.

Betoveringsmacht

De nazi's worden wel aangemerkt als de groep die de harten en de emoties van de massa als eerste met moderne media hebben bespeeld. Wie nu nog foto's ziet van de grote spektakels met licht, vuur en vlaggen, van de duizenden mensen in stadions, kan begrijpen waar dit oordeel vandaan komt. Inderdaad hebben de nazi's met hun retoriek, in denderende woorden, in bedwelmende beelden, in het geweld van grootse symboliek deze bron van macht opnieuw vormgegeven. Zij maakten gebruik van betoveringsmacht. Macht die door manipulatie van symbolen, iconen en drama werd uitgeoefend, omdat ze wisten dat mensen daar gevoelig voor waren. En zijn!

Deze macht wordt vandaag nog geraffineerder uitgeoefend: in de keuze van de woorden, de logo's, de kleding, de geuren die men zichzelf opspuit. Ik zal je twee eigentijdse voorbeelden geven.

Architectuur Ergens in Nederland is het kantoor gevestigd van een organisatie die zich met kennis en creativiteit bezighoudt, geen groot bedrijf in aantal, maar doordat de directeur een goede netwerker is wel groot in bekendheid en slagkracht.

Het kantoor is gevestigd in een statige oude laan met grote dromerige herenhuizen. En als je me vraagt of er ook oude bomen voor staan, dan moet ik je dat bevestigend beantwoorden. In dat herenhuis kom je binnen in een korte gang en dan ontvouwt zich iets wat totaal anders is dan alle glazige kantoren langs welke snelweg dan ook. Warme kleuren, een bananenpalm, schilderijen, een trap naar het café in het souterrain, omgeven door spiegels zodat beneden en boven in harmonieuze verbinding staan. En deze grote en hoge kamer – waarschijnlijk ooit een kamer-en-suite – eindigt in een met ramen afgesloten loggia vol planten, met houten vlonders op de vloer, loungestoelen, of moet ik bedden zeggen, met op een houten plateau de hoogst geavanceerde flatscreens van de computer.

Een rommelige, warme, sfeervolle ruimte, die ons in niets doet denken aan die moderne legbatterijen voor professionals op de A-locaties. Hier word je door de architectuur van buiten en binnen betoverd. Hier zijn niet langer meer de iconen van de moderne tijd geldig – glas, transparantie, zakelijkheid – maar die van de herwonnen romantische tijd – organische vormen, emotie, creativiteit.

De aankleding van je bedrijf brengt mensen op subtiele wijze in een bepaalde gemoedstoestand. Of je nu een functioneel of een artistiek pand hebt, altijd communiceer je een bepaalde lifestyle en schrijf je attitudes, emoties en een werkstijl voor.

Spektakels De harten en het verstand van mensen kun je ook via spektakels week maken en in de richting manipuleren die jij van belang acht. Het kan zijn dat je een groter gevoel van saamhorigheid wil kweken, dat je een diepere doorleving wil van wat jij als de basishouding van je mensen verwacht, of dat je ze gewoon met wat 'leuke dingen' wil bezighouden en inpakken.

Zo was ik eens te gast bij een afdeling van een bedrijf dat behoorlijk in de put zat. Er waren nogal wat onderlinge conflicten geweest, mensen waren vertrokken, en de markt die ook nog eens wat terugliep vroeg om het aaneensluiten van de gelederen. Daartoe werd door een aantal slimme mannen en vrouwen een prachtig spektakel georganiseerd waarbij niets aan het toeval werd overgelaten en elk element van de symboolmanipulatie werd benut: de locatie, de muziek, het eten, het speelse element. De gastspreker, een goeroe in geluk, had duidelijk lessen van een dramaturg gehad en wist op cabareteske wijze de hele zaal in vijf minuten voor zich en zijn boodschap te winnen. Het ging over creatie en spiralen of zo.

Wat was er nu slim aan dit standaarddagje 'pamperen van het personeel', zul je me misschien vragen. Dat zat hier in dat alles op die dag overdreven was en elk element een harde en cynische toon had. Elk cynisch verzet van het personeel kreeg zijn vertaling in de onderdelen van de dag. Met cynisme werd het cynisme aan de kaak gesteld. Er was geen ontsnappen meer aan. En dat kenmerkt dan ook de spektakels van superieure kwaliteit: je kunt er niet meer aan ontsnappen. De individuele afstand, de argwanende reflectie is uitgeschakeld. De geest is voor de Nieuwe Boodschap ontvankelijk gemaakt.

Schroom niet om met wat de kunst, de massamedia, de retorica, kortom wat de cultuur ons aan technieken heeft gegeven de emoties, verlangens en dromen van mensen te bewerken. Een groot leider onderscheidt zich hierdoor, zoals wel eens gezegd wordt, dat hij in staat is de dromen en de verlangens van mensen te richten, hun werkelijkheid en ambities opnieuw en geloofwaardig te herdefiniëren, hun leven zin te geven. Deze bekwaamheid, deze bron van macht hadden we ook 'emotiemanagement' kunnen noemen.

Negen bronnen van macht – monopolie, structuren, protocollen, lichamen, panoptica, netwerken en betovering – waarover iedereen in meer of mindere mate beschikt. Negen bronnen om te vergroten bij jezelf, te verminderen bij de ander. Negen bronnen om calculerend en opportunistisch je gang te gaan.

5 | Streken en zetten

De laatste jaren hebben de kranten vol gestaan met verhalen over hufterige bazen, frauderende ambtenaren, omkopende bouwers. Allemaal voorbeelden van streken en zetten die zonder kennis van de achterliggende belangen en verlangens onbegrijpelijk zijn. Maar laten we nu inzoomen op de methoden. Hoe werken ratten eigenlijk? Wat zijn hun favoriete werkvormen? Waarin zijn ze onze voorbeelden?

In de loop der jaren heb ik diverse verhalen van rattenstreken uit eerste en tweede hand gehoord en op basis hiervan een indeling gemaakt van gebruikelijke en veel voorkomende werkwijzen (zie de tabel).

Ten eerste heb je alle activiteiten die direct gericht zijn op de ander, laat het je chef, je collega, een landelijk bestuursorgaan, de directie, een belangengroep, een medewethouder zijn. Bij deze activiteiten ben je permanent bezig de ander te naaien en te piepelen, dan wel zijn of haar kracht voor jouw doelen te exploiteren. Ten tweede heb je de streken waarbij je gebruik maakt van de ander. Een goede rat heeft zo zijn marionetten, zijn hofhouding gecreëerd. En ten slotte kun je een aantal maatregelen direct rond jezelf treffen. Dan gaat het vooral om: wat vertel je, wat is je reputatie, hoe voorspelbaar ben je.

DE ANDER	VIA EEN ANDER	IKZELF
• Omkopen	• Fronten kiezen	• Waarheid liegen
• Pas afsnijden	• Bewijzen verzamelen	• Reputatiemanagement
• Zwakheden runnen	• Slachtofferen	• Onvoorspelbaar zijn
• Vernederen	• Lekken en roddelen	• Sporen vernietigen
• Ondermijnen	• Lobbyen	• Zelfkennis krijgen

Repertoire aan streken

We zullen dit basisrepertoire aan streken doornemen.

De ander naaien

Omkopen Er zijn altijd mensen in je omgeving die beweren dat zij onkreukbaar zijn en niet te beïnvloeden met aandacht en geschenken. Gelukkig leert de praktijk ons anders. Op alle niveaus in het bedrijf of in het bestuurlijke apparaat kun je mensen zo gek krijgen, dat zij voor jou op hun rug gaan liggen.

Het is een kwestie van op de juiste manier loven, bieden, belonen en straffen. Van de hoogst opgeleide uroloog tot en met de laagste administratief medewerker, overal kun je met kraaltjes, spiegeltjes, flessen wijn, tripjes naar het buitenland, mensen aan je binden. Als mensen een kadootje krijgen, willen ze vaak iets voor je terugdoen niet om jou ter wille te zijn maar om hun eigen gemoedsrust dat opspeelt, te sussen. Profiteer van dit menselijke mechanisme!

Er gelden bij het omkopen slechts vier regels die je moet naleven.

Het is van het hoogste belang om een geschenk te vinden, dat *past* bij de omvang van de dienst die de ander je gaat leveren. Een fles wijn voor de toekenning van een bouwofferte met een waarde van vijf miljoen euro is wat aan de karige kant. Daar zal die ambtenaar echt niet van kroelen. Je zult van betere huize moeten komen. Een paar leuke reisjes naar een warm land voor het hele gezin zullen, zo blijkt regelmatig, meer in de smaak vallen.

Je zult er rekening mee moeten houden dat omkopen in de westerse wereld niet wordt geapprecieerd. Er zijn zelfs bedrijven die daar hele strikte regels over gemaakt hebben. Je zult dan moeten nadenken over een *alibi* voor degene die je omkoopt, zeker als het om voor andere zichtbare geschenken gaat. In veel landen fêteert men artsen op luxe uitjes, reisjes, gezellige fietstochtjes. Het is zaak om bij hen schuldgevoelens en opspraak tegen te gaan. Dat doe je door zulke beloningen in een geaccepteerde ambiance te laten plaatsvinden. Van een skivakantie maak je een seminar, van een wijnproeverij (inclusief een gezellig kistje voor iedereen!) een studiebijeenkomst voor informele kennisoverdracht.

Als je veel omkoopt moet je je activiteiten een dekmantel geven, net zoals veel organisaties dat doen, en je omkoperijen *onderbrengen* bij afdelingen die je heel argeloos 'public relations', 'externe betrekkingen' of 'scholing' noemt. Dit wil natuurlijk niet zeggen dat zulke afdelingen alleen maar dekmantels zijn. Ze moeten juist ook nog andere dingen doen. En uiteindelijk moet je dat ook niet uitmaken. Het gaat erom dat je de omkopingen naar zo'n plek dirigeert, waar zij het meest voor jou renderen.

Tot slot de hoge school van het omkopen: begin met kleine beetjes. Koop ambtenaren, ondernemers en bestuurders *stap voor stap* om. Een aardigheidje met de kerst is een goed begin en maak het geschenk steeds feestelijker en van grotere waarde, totdat je het punt bereikt dat zij volgens hun eigen normen in de fout gaan. Dan zijn ze van je afhankelijk, omdat zij zich chantabel hebben gemaakt. Heb je dat punt bereikt als rat, dan wordt het pas bal!

Weet altijd waarom je omkoopt: voor die bouwvergunning die je anders niet krijgt, voor die ontduiking van veiligheidsvoorschriften, voor die computerorder.

Pas afsnijden Een techniek die je zeker eens moet gebruiken is die van het de pas afsnijden van je tegenstander. Het is zeer amusant om op deze manier de gedragsalternatieven van de ander te reduceren. Als je dat geraffineerd doet zul je zowel respect afdwingen als gevreesd zijn. Ik zal een voorbeeld geven, dat een collega mij vertelde en dat meer tot de categorie sluw dan tot de categorie slinks behoort.

Het zat zo. Hij was al een tijdje projectmanager bij een grote multinational en was verantwoordelijk voor een omvangrijk wereldwijd veranderingstraject. Er zouden overal dezelfde nieuwe standaardmachines gebruikt gaan worden. Nu had hij gemerkt dat er in zijn stuurgroep, het comité waarin alle wereldwijde regiodirecteuren met enkele toptechnici zaten, één directeur was die bij voortduring 'ja' knikte en 'nee' deed als hij in zijn divisie terug was. Een bekend en oud liedje bij veranderingsprocessen: mensen vertonen ogenschijnlijke acceptatie maar grijpen alles aan om zo onzichtbaar mogelijk de boel te frustreren en te saboteren.

Mijn collega zat met die man behoorlijk in zijn maag, omdat hij het hele project zou vertragen. Er dreigde zelfs een mislukking. Vanuit zijn belangen moest hij een list verzinnen en hij bedacht een toepassing van 'de-pas-afsnijden'. Het vroeg wel wat voorbereidingen. Zo moest hij de baas van die tegenstribbelende directeur in het complot betrekken.

Maar dat was geen enkel probleem, omdat deze een warm voorstander van de vernieuwingen was. Verder moest hij een spandoek regelen, petjes, en een fotograaf. Dat was het.

De troefkaart werd op de eerstvolgende vergadering gespeeld. 'Ik stel voor, dat we in het personeelsblad, een artikel wijden aan de nieuwe machines en de hele invoering die we begeleiden,' zo zei hij na de opening. 'Mijn idee is een interview te houden met twee personen, een die vooral de voordelen aangeeft, en een persoon, die de lastige kant belicht. Het personeel vraagt om meer informatie. Dan moeten we dat ook kunnen en willen geven. Wat vinden jullie daarvan?'

En, omdat de meeste directeuren al voelden komen, dat hier iets geënsceneerd was, riepen ze direct, dat ze er vóór waren, en de baas om het hardst. En tegelijkertijd riepen ze ook de naam van de directeur die al drie maanden aan het hinderen was: hij moest en zou geïnterviewd worden. Samen met een ander werd hij uitgekozen.

Op dat moment, als door de goden beschikt, kwam de fotograaf binnen met de grootste telelens aller tijden op zijn buik: 'Ja, heren, zullen we dan maar meteen naar buiten gaan om het plaatje te schieten? Heeft u al de baseballpetjes van het project gekregen en het spandoek?' De fotograaf sprak met grote vanzelfsprekende argeloosheid, omdat hij natuurlijk niet wist welk spel hier gespeeld werd.

De directeuren schoten in de lach en kregen van de projectmanager hun baseballpetje met op de voorkant alleen de tekst erop: 'Voor'. Het spandoek werd uitgerold: 'Wij staan hier achter'. Het gegiechel werd nog groter en de naam van degene die het spandoek zeker vast moest houden werd al genoemd. En zo geschiedde. Met de fotograaf voorop liepen zij naar het bordes voor de ingang van het kantoor voor de groepsfoto. Links hield de grootste tegenstander de bezemsteel vast waaraan het spandoek was bevestigd, rechts de grootste voorstander.

Twee weken later kwam het artikel in het personeelsblad uit, waarin stond dat de hele stuurgroep nog steeds achter de introductie van de nieuwe machines stond en volledig betrokken was om er een succes van te maken. Van de ondermijnende directeur hadden de projectmanager en de stuurgroep geen greintje last meer. Hem was de pas afgesneden. Mijn collega vertelde me dat deze directeur er achteraf veel waardering voor had gehad en het een fraaie coup had gevonden.

Hij had er zelf ook erg van genoten: 'Toen die fotograaf binnenkwam, wist ik dat mijn opzet ging lukken,. Het was een geweldig moment. Ik heb er het hele weekeinde nog van lopen nagloeien.' Ik kan me dat goed voorstellen: iemand op speelse wijze voor het blok zetten, is dat van alle rattigheden niet de aardigste?

De techniek blijft wel rattig, omdat je iemand in zo'n situatie manoeuvreert dat hij alleen nog maar uit twee kwade zaken kan kiezen: meedoen (wat hij niet wil) of afgaan als directeur die in het openbaar 'ja' zegt en 'nee' doet, die geen ballen heeft (wat hij ook niet wil). En de pijn van het laatste woog hem zwaarder dan het ongemak van meedoen.

In de hogeschool van de 'Rat' probeer je altijd de alternatieven van de ander in te perken tot twee kwade zaken, waarbij de keuze voor de minst kwade overeenkomt met je belangen. Sommige mensen zijn inderdaad niet voor rede vatbaar en alleen voor de prikkel van de pijn. Zou het toch waar zijn, dat spreekwoord, dat wie niet horen wil maar voelen moet?

Angsten runnen Laten we voor het gemak 'zwakheden' definiëren als die eigenschappen van de mens waarmee hij zich uitlevert aan de ander, beter gezegd waarin hij kwetsbaar is. Onder vrienden, bij vertrouwden, op de sofa bij de therapeut, is er geen enkel bezwaar om onze zwakheden te tonen, omdat zij er geen misbruik van zullen maken en er hoogstens op gezette last van ondervinden, er kriegel van worden.

In het werkzame leven echter zijn andere mechanismen aan de orde dan de bescherming van de intimiteit: hier vindt de strijd om geld, macht, erkenning, roem en andere belangen plaats en moet iedereen erop bedacht zijn dat de ander, zodra hij de kans krijgt een 'zwakheid' van ons te runnen, dat zeker niet zal nalaten. Daar staan we dan met onze driftbuien, rechtlijnigheid, angsten en ijdelheid: een keyboard van eigenschappen gereed om bespeeld te worden.

Laat dit de eerste tactiek zijn: toon nooit of te nimmer je zwakheden. Makkelijk zal het niet zijn, omdat je in de meeste professionele ontwikkelingstrajecten met allerlei methoden wordt gedwongen je valkuilen, allergieën, hindernissen, belemmerende overtuigingen op te biechten: Niet doen! Hou je op afstand en speel het spel van het alsof.

Het omgekeerde moeten we vooral wél doen. We moeten zoveel mogelijk het psychogram van de ander opmaken, zodat we snel weten aan welke knoppen wij het beste kunnen draaien, welke kleppen we moeten openen, om de ander het lied te laten zingen dat wij graag horen.

Ik wil van de zwakheden de 'angst' aan de orde stellen, omdat je hierin het belangrijkste wapen zult vinden, hiermee anderen goed kunt manipuleren. Heel veel gedrag van mensen komt voort uit angst, het gevoel dat ontstaat bij een werkelijke of vermeende dreiging: moeten we wegrennen of ons omdraaien en iets gooien naar het roofdier dat ons bedreigt, dus zelf de aanval openen?

In het werk spelen drie angsten, die we scherp op het vizier krijgen als we in navolging van de grote filosofe Hannah Arendt* een onderscheid maken tussen 'arbeid', 'werk' en 'handelen'.

Arbeiden is alle inspanning die we verrichten om in leven te blijven, te zorgen dat ons lichaam niet aftakelt, ongezond wordt en dergelijke. De dreiging die hierbij speelt is de verloedering, het verlies aan bestaanskwaliteit, de uiteindelijke verdwijning van het leven zelf. Laten we deze angst 'ondergangsangst' noemen. Zie je die medewerkers voor je, die managers die als de dood zijn hun baan te verliezen, hun zekerheden, omdat ze als de dood voor de verloedering, de armoede, de status zijn waarin de meerderheid van de wereldbevolking leeft?

Werken is het maken van een object: een product, een dienst, een organisatie. Een werk is op een gegeven moment voltooid. Dit in tegenstelling tot arbeiden dat altijd maar door gaat. De dreiging die met werken samenhangt is die van het mislukken: dat het werk niet zijn beslag zal krijgen zoals gedroomd en uitgetekend is. De angst dat het fout gaat. Hier zien we al die medewerkers en managers die piekeren, puzzelen, alles controleren, omdat zij aan faalangst lijden.

En tenslotte heb je 'handelen', dat is dat je jezelf in woorden en daden aan de ander bekend maakt, dat je tot een gemeenschap behoort waarin je mag meepraten, waarin je mag meedenken, waarin je kunt meesturen. In geavanceerde bedrijven waarin zelfsturing van mede-

* Hannah Arendt, *Vita activa.* Ik doe met mijn angstanalyse zeker geen recht aan haar prachtige werk. Ik gebruik haar indeling als 'opstapje' naar het vóórkomen van angsten in bedrijven.

werkers plaatsvindt, zien we dat het samen sturen een sterk accent heeft gekregen. Hier probeert men het handelen vorm te geven. De grootste dreiging hier is echter, dat je uitgesloten wordt, dat je niet tot de groep, het netwerk behoort, een banneling bent. We spreken van miskenningsangst.

Welk facet van je werk je ook neemt, altijd zal één angst of een melange van angsten aan de orde zijn: verloederingsangst, faalangst, miskenningsangst. Hoe run je deze angsten? En zijn er ook mensen die hier niet vatbaar voor zijn?

Om met de laatste vraag te beginnen. Ja, er zijn mensen die moeilijk op hun angsten te manipuleren zijn. Kenmerkend voor deze mensen is dat zij op de mogelijke schadelijke gevolgen van hun daden hebben geanticipeerd. Zij hebben er of 'compenserende maatregelen' voor getroffen (een gouden handdruk voor het geval hun missie mocht mislukken, of een uitstekend netwerk van mensen onderhouden om opnieuw te kunnen beginnen) of zij hebben de mogelijke gevolgen 'aanvaard' als horend bij het spel en op deze wijze de dreiging verminderd. Zulke stoïcijnse en calculerende mensen zijn er wel, maar gelukkig zijn ze niet in de meerderheid.

Dan de eerste vraag, hoe manipuleer je angsten? Vrij simpel. Het recept blinkt uit in zijn eenvoud. En wie het kent, herkent het op vele levensgebieden, in het claimgedrag van echtparen, in de reclamespotjes op tv, in de retoriek van onze bestuurders en politici, in het manipulatieve gedrag in onze bedrijven en organisaties:

Regel 1: Pook de angst van de ander op;
Regel 2: Reduceer de angst van de ander.

Je zult eerst de angst van de ander moeten oppoken. Hiermee bereik je dat hij dat ongemakkelijke gevoel van dreiging nog sterker zal voelen. Je bereikt dat door op zeer invoelende en meelevende wijze de beelden van de ander over zijn situatie te bevestigen en lichtelijk te overdrijven. Je zegt tegen een faalangstige projectleider iets in de volgende trant: 'Ja, moeilijk zeg, inderdaad lastig, ik heb diep respect voor je moed. Er kan inderdaad veel in fout gaan. Zou dat nog gevolgen voor jou persoonlijk hebben?' Niets voedt de angst zo goed als dromen, de beelden, de visioenen, de gedachten die iemand heeft.

In de cognitieve psychologie is er een belangrijke stroming die rationeel emotieve therapie (RET) heet. Deze leert ons dat veel van onze gevoelens en gedragingen van onze denkprocessen afhankelijk zijn. In zo'n stroming leer je inadequate gedachten (ze bedoelen doorgaans beelden) te vervangen door adequate en meer realistische beelden. Dus als je bijvoorbeeld iemand bent die bij voortduring in rampscenario's denkt en daardoor van opvliegingen, verlammingen, gepieker last hebt, dan leer je in zo'n therapie dat je zo'n foute gedachte moet vervangen door een nuchter beeld: het is geen ramp dat mijn project mislukt, het is alleen maar lastig voor de direct betrokkenen.

Wat ik je daarentegen hier leer is het omgekeerde van de RET. Je moet bij de ander nuchtere beelden, waar al wat angst in doorbreekt, juist vervangen door sterkere en meer beangstigende beelden. Dat is wat de talentvolle rat moet doen: de angst met woorden en beelden oppoken. Dan kun je de ander voor zijn verlossing en bevrijding van jou afhankelijk maken, net zoals alle grote goeroes doen. 'Joh, maar als je nu dit of dat voor me doet of dit toepast, dan zul je zien, dan ga je stappen maken.'

De meeste management- en adviesmethoden, of ze nu een objectief wetenschappelijke toon treffen of juist een meer esoterisch melodietje zingen, zijn op dit principe gebaseerd: ze reduceren je angst door je een uitweg voor te schotelen. Waarom zou je hier zelf geen gebruik van maken? Waarom gebruik je deze goeroetechnieken niet zelf? Wat let je! Maak mensen vanaf vandaag met een paar simpele handgrepen van je afhankelijk en buit ze uit.

Welke principes hanteer ik in mijn brief? Nou?

Nooit zal je me verwijten dat ik niet volgens mijn eigen regels schrijf!

Vernederen Wie de geschiedenis navlooit en het hedendaagse samenleven niet vergeet, zal snel op geraffineerde en opportunistische vernederingsactiviteiten stuiten: het moedwillig naar beneden halen van de ander, voor ons gerief, voor onze zelfverheffing, voor informatie die we van de ander willen, voor weet ik wat voor reden. Doorgaans houden we vernederingen het liefst buiten de poorten van onze organisaties en als dat niet lukt dan proberen we ze buiten de omheining van ons denken te houden, dat door en door verbraafd is. Want als we iets willen ophouden is het wel de schijn van onze beschaafdheid. Jammer!

We kunnen de tactiek van de vernedering in ons arbeidzame leven zeer goed gebruiken. Laat ik twee voorbeelden geven om je op ideeën te brengen.

Het eerste speelt zich af in een groot bedrijf, dat om economische redenen een flink aantal mensen wil ontslaan. Kan gebeuren, hoort bij het leven, is lastig. Om tot een snel en spoedig vertrek te komen, kiest het management ervoor de medewerkers een brief te sturen, waarin hen wordt medegedeeld dat zij misbaar zijn. Anderen krijgen een brief waarin het omgekeerde staat.

Deze vernedering is heel slim bedacht. Tegen mensen zeggen dat er geen werk meer voor ze is, is nog tot daar aan toe, maar tegen mensen zeggen dat ze misbaar zijn, is andere koek. Hier krenk je mensen mee, tref je ze in hun trots. Het is tegen de ander zeggen: jij bent overbodig, jij kan gemist worden. Het is het uitspreken van een nieuwe emotionele kwaliteit in de relatie: je kan me gestolen worden. Het is de ander naar een niet-bestaan praten, een soort doordraaien van tomaten.

Dat dit als een vernedering werd ervaren, blijkt ook wel uit het onverwachte en snelle vertrek van velen uit dat bedrijf. De vernedering was zeer succesvol (zelfs iets te succesvol), omdat te veel mensen het gevoel kregen: Als ik hier niet meer '*by heart*' gewild ben, dan ga ik maar. In dit voorbeeld worden door het krenken van de eer van de ander, door vernedering dus, op slimme wijze de bedrijfsdoelen gerealiseerd. De bedenker van deze streek moet een natuurtalent in 'rattigheid' geweest zijn.

Het tweede voorbeeld speelt zich af in een alledaags bedrijf en is me verteld door de manager zelf. Hij heeft zijn leven lang voor de firma gewerkt, zowel in Nederland als in het buitenland, en op het laatst maakt hij een fout. Hij laat zich door de internationale hoofddirectie 'inhuren' om in Nederland in een afdeling waar vermoedelijk nogal gefraudeerd wordt schoon schip te maken.

Op een gegeven moment komt deze hoofddirectie ten val en daarmee ook onze hoofdpersoon. Twee dagen na de val roept de directeur van de frauderende afdeling hem bij zich en zegt dat hij ontslagen wordt: economische noodzaak. Deze directeur kon dat tegen hem zeggen, omdat hij officieel als 'adviseur' in zijn afdeling was geplaatst. Misschien geen handige constructie maar daar gaat het me in deze casus nu niet om.

Je begrijpt dat er een rechtszaak komt en dat de toegevoegde adviseur met flinke schadeclaims komt. Zijn tegenpartij zette zelfs een oud-collega onder druk om valse verklaringen af te leggen over zijn disfunctioneren; verklaringen die eenvoudig te weerleggen waren. De ontknoping was erg interessant. Vlak voordat de rechter met een uitspraak zou komen – hij zou naar ieders inschatting miljoenen aan de manager/adviseur toewijzen – draait het bedrijf om en trekt het ontslag in. Een slimme zet van 'de company'.

De manager kon zich de volgende dag melden bij het hoofd P&O, die het spel van personeelsvernedering zeer goed kende. Zij kwam te laat, er was geen bureau voor hem, geen toegang tot het internet. Hij moest het zelf maar voor elkaar krijgen. Het P&O-trutje vertelde hem dat hij voortaan viel onder de manager die... een valse verklaring had afgelegd.

Kortom, allerlei organisatiemechanismen werden toegepast om deze persoon te breken, zodat hij zelf zou besluiten op te stappen. Dit heeft hij uiteindelijk gedaan. Via het kantongerecht heeft hij ontslag aangevraagd inclusief een schadevergoeding, hetgeen hem ook is toegekend. Je begrijpt dat deze vergoeding zeer aanzienlijk minder was dan de eerdere claim. Nu moet je niet meehuilen met deze manager. Dat zijn verkeerde sentimenten voor een rat. Dit technische bedrijf heeft het spel gewoon goed gespeeld. Chapeau!

We kunnen hieruit en uit vele andere voorbeelden onze lering trekken. Als je mensen kwijt wilt, verneder en kwets ze dan, tref ze in hun zelfrespect, tot zij uit 'eigen' beweging opstappen. Het is veel goedkoper dan een dure rechtszaak. En als je manager bent en je hebt een P&O-afdeling, laat deze dan het werk voor je opknappen. Gun ze het genot om de beul van het management te zijn.

Nog een klein voorbeeld uit dezelfde sfeer. Hier gaat het om een leraar wiskunde op een middelbare school. De goede man is objectief uitgeblust en heeft de bezieling niet meer om pubers de grondbeginselen van het mathematische vak bij te brengen. Het enige wat hij nog voor elkaar krijgt zijn de regelmatige conflicten met zijn klassen. De conrector, die me het verhaal vertelde, heeft inmiddels van alles geprobeerd: persoonlijke gesprekken, coaching, vertrekpremie. Niets heeft tot nu toe geholpen. De man wil niet weg en ontslaan is onbegonnen werk. De leraar heeft in zijn kop gehaald dat hij wel zijn pensioen zou halen.

'Wat moet ik?' De conrector kijkt me wat gespeeld wanhopig aan, want zijn ogen glinsteren erg slim. 'Nou?,' riposteer ik. 'Het enige wat er nog op zit is die man vóór de zomer de ziektewet in te krijgen. Voor lange duur, zodat hij met allerlei psychische en fysieke kwalen in de WAO komt. En dat ga ik doen. Ik ga hem stelselmatig kapot maken, vernederen. Rotklussen geven, roosters die ongunstig zijn, hem dagelijks laten rapporteren. Ik ga hem helemaal psychisch verrot slaan. Hij moet weg. Als het zo moet dan maar zo.'

Ik vind de conrector op een of andere manier wel oprecht in zijn besluit, maar het blijft wel rattig. Vernederen en kwetsen om je eigen belangen na te streven.

Bazen ondermijnen Van alle rattenstreken is er geen die tot zo'n grote consensus leidt voor wat de werkzaamheid betreft als het ondermijnen van bazen. Wie over deze techniek heeft nagedacht, deze heeft meegemaakt, heeft gehanteerd, weet waar hij over praat en komt op eensluidende manier tot dezelfde conclusie: ondermijnen doe je door de baas zijn doelen niet te laten halen.

Het is me opgevallen dat vooral mijn gesprekspartners en cursisten die in grote organisaties werkzaam zijn, mij binnen enkele seconden konden vertellen, hoe het moest: 'Nou, gewoon, je zorgt dat hij afgerekend wordt door zijn baas. Dus, dat hij moet vertellen dat de omzet niet gehaald is, dat de vernieuwing niet gelukt is.'

Om een baas te ondermijnen, moet je allereerst weten waar hij op afgerekend wordt, wat de expliciete of impliciete opdracht is die hij van zijn baas heeft meegekregen. En, zoals een manager van een groot Europees bedrijf me toevoegde: 'Het is ook handig als je weet waarop diens baas wordt afgerekend. Want dan weet je uit welk belang hij straks van zijn post verwijderd wordt.'

Vervolgens zul je moeten nagaan welke machtsmiddelen er in je werk, in de werking van de organisatie zelf liggen opgesloten. Middelen waarmee je kunt saboteren, lijntrekken, verwarring kunt zaaien.

Een senior-manager vertelde mij ooit het verhaal dat zij opeens een baas kreeg die door het Engelse hoofdkantoor was geparachuteerd. En na de wittebroodsweken bleek de goede man op geen enkele wijze binnen de Nederlandse bedrijfscultuur te passen. Het was of hij de fouten doelbewust opzocht om zoveel mogelijk ergernis en irritatie te wekken. De senior-manager met haar collega's besloten om deze man binnen een aantal maanden weg te krijgen en te zorgen dat een van hen op de post zou komen – zijzelf.

De aanpak die ze kozen was de man vleugellam en machteloos maken, zodat duidelijk werd dat hij in zijn missie niet zou slagen: de omzet verhogen met een bepaald percentage terwijl de kosten tegelijkertijd zouden dalen. Zij buitten ten eerste de taal uit door, waar zij konden, tot taalkundige misverstanden te komen, in vergaderingen, in afspraken, in rapportages.

Vervolgens besloten ze het spel 'ja' zeggen, 'nee' doen te volgen. Niet door een opzichtig 'nee' te zeggen, maar door het vooral te hebben over de Nederlandse cultuur, waarin het van belang was om toch vooral 'draagvlak' te creëren. Waar ze in andere gevallen op af zouden geven, daarin lag nu hun redding: stroperigheid. Elk idee, elke afspraak werd eerst met zoveel mogelijk mensen besproken, waarbij een ruime definitie gehanteerd werd van wie voor de besluitvorming 'relevant' waren. Dat dit tot oneindige vertraging leidde kun je begrijpen.

Tegelijkertijd werd in de informele ontmoetingen twijfel gezaaid over de competentie van de geparachuteerde baas; ondergeschikte *middle managers*, relevante sleutelfiguren onder het personeel, de *opinion leaders* werden opgestookt. Kortom, het managementteam manipuleerde elk voor handen zijnd mechanisme van de bureaucratie, van de organisatie, om zijn zin te krijgen. Via wandelganggesprekken op het Engelse hoofdkantoor werden de geruchten verspreid als zou het in de Nederlandse vestiging niet goed gaan. Want uiteindelijk moest daar het besluit genomen worden om de kop van die man te laten rollen. Daar werden ook de ideeën verspreid op welke manier de Nederlanders zelf dachten om de 'malaise' te verhelpen en wie het meest geschikt was om deze 'job' tot een goed einde te helpen.

Het management schreed stap voor stap naar de ondergang van de Engelsman. Alle acties waren volkomen georkestreerd en geregisseerd. Het is een misvatting van je als je meent dat zulke zetten 'spontaan' en vanuit het 'hart' gebeuren. 'Dat was zeer zeker niet aan de orde,' vertelde mijn gesprekspartner mij.

De hamvraag is natuurlijk of de opzet geslaagd is. Dat was zo. Door de tegenwerking haalde hij zijn resultaten niet en moest hij na een aantal maanden het veld ruimen en kreeg zij de scepter in handen.

De regel is dus dat als je je baas weg wilt krijgen, je ervoor moet zorgen dat hij zijn resultaten niet kan behalen. Daartoe gebruik je alle middelen van de organisatie die het besturen van de organisatie zo moeilijk maken. Je creëert misverstanden (je maakt gebruik van de lange communicatielijnen), je vertraagt de uitvoering van een besluit (door zoveel mogelijk bezwaren in te brengen), je demotiveert de mensen (door *opinion leaders* te bewerken), je stelt je op als slachtoffer zodat je niet beschikbaar bent (door je regelmatig ziek te melden), je maakt een kwade stemming rond het management (door veel te roddelen en verontwaardigd te zijn), je frustreert de tijdige werking van bedrijfsprocessen door te laat te beginnen, niet te beginnen, verkeerd te beginnen, of stipt te beginnen (doordat er amper controle is).

Stel dus dat je bij een vervoersbedrijf werkt, laten we zeggen – puur speculatief –, een spoorwegmaatschappij, ergens in Europa, en je wilt weer eens de directie weg hebben, dan weet je nu wat je te doen staat: zorg ervoor dat ze hun productievolume – het percentage van de treinen dat op tijd aankomt – niet halen. Moet je eens zien wat er gebeurt...

Via de ander vechten

In dit deel wil ik je de tactieken geven die hun werking hoofdzakelijk ontlenen aan hun indirectheid omdat je andere mensen voor je karretje spant. In het vorige deel hebben we al gezien dat in een totale campagne om een baas te ondermijnen roddel en achterklap een versterkend effect kunnen hebben. We zullen van zulke indirecte methoden nog een paar voorbeelden zien.

Fronten kiezen Een van de oude stelregels in de organisatiepolitiek (en ook daarbuiten) is, dat je goed moet nadenken over je fronten en deze zo gunstig mogelijk voor jezelf moet kiezen. Het front moet je zover mogelijk van jezelf vandaan plaatsen. Laat eerst de anderen 'sneuvelen'.

Ooit was ik betrokken bij wat in 'consultancykringen' wel een ernstig geval van *insulitis* wordt genoemd: een eilandencultuur in de organisatie. Afdelingen haten elkaar, de slagbomen zijn zwaar vergrendeld, het wij-de-beschaving-zij-de-barbarij' rookt dik over het organisatorische slagveld. In dat gebied van krijgsheren en stammen, in die Gazastrook van de organisatie, moesten wij als UNO-afgezanten opnieuw de beschaving introduceren, althans een tijdelijk stoppen van de vijandigheden bewerkstelligen.

Wij kozen voor het geijkte procédé om een nieuw gemeenschappelijk belang te introduceren: een nieuw kennissysteem voor alle vijandige volken (georganiseerd naar verdieping). Via een lobby selecteerden we van elke afdeling op de ergste na enkele personen, we zochten de meest toegankelijke en de leukste mensen uit, die we zover wisten te krijgen dat zij wilden werken aan de ontwikkeling van dit nieuwe kennissysteem. De afdeling die we uitsloten vertoonde de grootste zelfgenoegzaamheid en arrogantie: daar zaten de onversneden hufters.

De groep mensen die we geformeerd hadden, kwam bijeen om op basis van hun deskundigheid te beraadslagen en niet vanwege hun bestuurlijke betrokkenheid bij hun achterban. Want als dat laatste zou gebeuren, zouden de vertragings- en de ondermijningstactieken niet te overzien zijn: geen last van ruggespraak.

Kortom, we creëerden een nieuwe speler in het veld en lieten de representanten van de meest vijandige afdelingen samenwerken. En ten slotte kwamen ze – met enige suggestie van onze kant – op het idee dat hun collega's van hun afdelingen te weinig op de hoogte waren van de ontwikkeling en de progressie die zij maakten. Zij besloten uit vrije wil – met enige suggestie van onze kant – om in hun afdelingen zelf het gesprek en de strijd aan te gaan. En dat was precies de bedoeling. Zij moesten met hun eigen mensen gaan vechten. Het front moest binnen de afdelingen zelf terechtkomen en niet tussen ons en de afdelingen. Vanaf het begin was verdeeldheid zaaien de opzet geweest.

De grootste opponent hadden we doelbewust niet uitgenodigd. Dit is een voorbeeld van een paradoxale interventie: iets bewerkstelligen door het tegenovergestelde te doen. Hoe harder wij ons best hadden gedaan om het halsstarrige buitengewest weer binnen de gelederen te krijgen des te sterker zouden de weerzin en de opstand zijn geweest. Door de grootste opponent buiten te sluiten, zo was onze hoop en verwachting, zouden ze zich zo gepasseerd voelen dat ze hun kwaadheid hierop zouden richten, en hoe bozer ze zouden worden des te beter wij het vonden: 'Wat is dit, waarom worden wij niet uitgenodigd? Sinds wanneer hebben wij geen stem meer in het kapittel...?' Deze berekening kwam inderdaad uit.

De regel is, dat je mensen soms beter kunt insluiten door ze eerst een tijdje buiten te sluiten. Het belangrijkste is evenwel dat je in de kantoorguerilla het front daar kiest waar je zelf de minste kans hebt ten onder te gaan.

Bewijzen verzamelen Je zult in je rattenspel op gezette tijden moeten zoeken naar je troefkaarten, en ze daar waar ze ontbreken moeten ontwikkelen. Uiteindelijk komt het moment van de waarheid, waarop ieder zijn kaarten op tafel legt...

Ik zal je twee voorbeelden geven, een daarvan ontleen ik aan een voormalig ambtenaar die vanuit zijn ecologische overtuigingen menig grootschalig bouwkundig traject (wegaanleg, nieuwbouwcomplexen en dergelijke) aanzienlijk kon vertragen. Het andere komt van een divisiedirecteur die de kneepjes van het ontslag tot in de vingers beheerste: zowel in de rol van dader als in die van slachtoffer.

De kunst bij het verzamelen van troeven is dat je op zoek gaat naar materiaal waarmee je iets of iemand in een kwaad daglicht kunt stellen. De ecologische ambtenaar was er een kei in.

Zo had hij ontdekt dat in heel veel rapportages over milieu-effecten van grootschalige bouwwerken rekenfouten zaten. 'Ik ging dan een half uurtje met mijn zakjapanner de tabellen in de bijlage narekenen en ik wist gewoon dat ik dan minimaal drie rekenfouten zou vinden. En dat was fantastisch. Ik zorgde ervoor dat ik een paar belangrijke missers vond. Die fouten gingen mijn dossier in. Ik wist dat ik die later nodig zou hebben om de besluitvorming te hinderen. Ik was tegen die bouwtrajecten'. Hoe hij deze troefkaart uitspeelde zal ik je zo meteen vertellen.

Het tweede voorbeeld is afkomstig uit de praktijk van een directeur die veel met ontslagzaken te maken had. Arbeidsconflicten die in het traject terechtkomen van gedwongen ontslag via een rechter, krijgen als vanzelfsprekend het duellerende karakter dat zo inherent is aan de strijd die advocaten met elkaar aangaan.

In zijn eigen ontslagzaak – hij zou ontslagen worden – waren beide partijen druk bezig hun dossier op te bouwen: belastende verklaringen en meetinformatie over tegenvallende cijfers aan de kant van de werkgever. Deze directeur was zeer gehaaid in het ontwikkelen van troefkaarten.

Zo stuurde hij regelmatig brieven met het verzoek aan de directie om duidelijkheid te verschaffen over hun besluitvorming, omdat hij nu aan het einde van zijn spanningsboog begon te komen. Hij wist dat deze directie niet vlot met antwoorden was. Dus stuurde hij herhalingsverzoeken. Alle documenten gingen natuurlijk zijn dossier in. Elke niet beantwoorde brief was een extra troefkaart.

Je hoeft dus niet af te wachten totdat je troefkaarten krijgt. Je kunt ook '*traps*' opzetten in de hoop dat de ander niet of juist helemaal fout reageert. Zolang je alles maar vastlegt en bevestigt is er niets aan de hand en verzamel je lekker je bewijzen tegen de ander!

Lekken en roddelen Op gezette tijden zul je in je organisatie informatie moeten lekken en beelden moeten verspreiden waarmee je de reputatie van de ander beschadigt. In beide gevallen blijf je op de achtergrond en laat je het gerucht, het gefluister, de gesprekken in de wandelgangen zelf hun werk doen.

Lekken is doorgaans concreter op een moment van besluitvorming gericht terwijl roddels een veel sluipender werking hebben. Lekken vraagt vooral een eenmalige timing, terwijl zwartmaken een permanente en geënsceneerde voeding vraagt.

Terug dan naar die ambtenaar van daarnet, die zo goed kon rekenen. Hij had ook een uitstekend gevoel voor 'lekken' ontwikkeld. Hij wist precies wanneer een bepaald plan zou worden gepresenteerd.

Je moet je voorstellen, een groep bouwers, ingenieurs en ambtenaren heeft al een hele tijd gewerkt aan een nieuw bouwkundig traject. Ze hebben van alles en nog wat doorgerekend omdat ze ook wel weten dat er altijd burgers en ecogroepen 'tegen' zullen zijn. Eindelijk durven ze er mee naar buiten te komen. Ze organiseren een leuk feestje om alles aan de pers, aan de burger te tonen. Het PR-bureau heeft een gezellige partytent op de plek geregeld. De beamers staan zich op te warmen.

Tsja, en dan ben je een ambtenaar met eco-sympathieën, wat doe je dan? Je hebt nog een paar lullige rekenfouten in je dossier en je bedenkt dat het tijd wordt je kaart te spelen. Je belt een paar dagen voor de grote happening een bevriende journalist van de plaatselijke krant op, je vertelt je bevindingen, zorgt voor anonimiteit van jezelf en laat de ander het werk doen. Je weet dat de volgende dag op de voorpagina, een dag voor het PR-festijn, de rekenkundige onbetrouwbaarheid van de plannen breeduit staat uitgemeten.

In een aantal gevallen is het deze ambtenaar gelukt het evenement te doen afblazen en de bouwtrajecten aanzienlijke vertraging te laten oplopen, omdat alles nog eens moest worden overgedaan. De pers had zijn troefkaart groter gemaakt dan wanneer hij in een ambtelijk overleg had opgemerkt dat er wat slordigheidjes in de tabellen stonden. Lekken is lucratief.

Roddelen dan. In tegenstelling tot lekken, dat je zelfstandig kunt gebruiken, is het roddelen en zwartmaken een aanvullende tactiek. Je zult doorgaans ook met iets anders moeten komen om een tegenstander te wippen. In het geval van het ondermijnen van de baas, zoals ik hiervoor beschreef, zie je drie kenmerken van het opportunistisch roddelen terug.

Ten eerste gebruik je roddelen om de geloofwaardigheid van je vijand aan te tasten, zodat zijn stem geen gezag meer heeft. Je zult goed moeten nagaan, zoals deze managers dat uitstekend deden, op wie je je roddelcampagne richt en wanneer.

Ten tweede moet je ervoor zorgen dat je niet als de bron van het kwaadspreken te lokaliseren bent. Dit is een groot risico. Het zal zeer zeker tegen je gebruikt worden als je ontdekt wordt. Jij zult zwartgemaakt worden. Je tegenstanders zullen alles in het werk stellen om je reputatie te vermorzelen. De kunst is om fluistercampagnes vanuit verschillende hoeken te laten plaatsvinden. Je moet dus een aantal medestanders, die je strategisch verspreid over het bedrijf uitkiest, 'influisteren', zodat de geluiden van overal komen, zoals het bij 'gewone' geruchten ook altijd het geval is. Daartoe zul je je netwerk hard nodig hebben.

En ten derde kun je roddels het beste laten 'meeliften' in gesprekken over neutralere zaken. Ergens halverwege breng je het gesprek op het punt waarvoor je het eigenlijk begonnen bent. Je geeft je zorgen over iemand weer, je ongerustheid, je onzekerheid over iemands handel en wandel, de onbegrijpelijkheid van iets. Daarbij speel je zoveel mogelijk de vermoorde en integere onschuld om de argwaan niet op jou te richten.

Het zaaien van tweedracht, achterdocht en wantrouwen vindt op deze manier plaats: voor de ander onzichtbaar, voor jou in alle helderheid.

Slachtofferen Een echte '*organization man*', een goede rat, denkt in zijn gevechten altijd na over de mogelijkheid dat het fout kan gaan en de manieren waarop hij zulke vervelende situaties kan vermijden.

Een veelgebruikte methode is om een collega voor de gevolgen te laten opdraaien. Of zoals ongeveer vier honderd jaar geleden al door Gracián gezegd werd: 'Het getuigt niet van onbekwaamheid, zoals kwaadwilligen denken, maar van superieur inzicht over iemand te beschikken op wiens rug de smaad van een mislukking en de schande van de algemene afkeuring neerkomen. Niet alles kan goed aflopen en niet iedereen tevreden worden gesteld. Daarom moet men, zelfs ten koste van zijn eerzucht, over een stropop beschikken, een zondebok voor tegenslagen.'

Fraai gezegd, we moeten over een zondebok beschikken, iemand slachtofferen wanneer onze strijd, activiteiten, projecten fout dreigen te gaan, zodat we zelf buiten schot blijven. De eenvoudigste manier is om een zwakke medewerker te nemen, waarvan we geen verzet of althans niet teveel verzet verwachten wanneer het spel van 'zwartepieten' zal beginnen.

Stel je bent programmamanager en je project dreigt aan alle kanten te mislukken: je levert te laat je product op, je bent aanzienlijk over je budget gegaan en het product doet ook niet eens wat het had moeten doen. Het is weer eens *business as usual.* Hoe zorg je dat een ander de schuld krijgt en niet jijzelf?

Heel simpel: je gaat na welk deeltraject of welke werkgroep het meest kritische is. Dat is dat onderdeel waar de vingers het eerst naar zullen wijzen. Je benoemt daar een ondergeschikte die niet al te snugger maar wel heel aardig is. Je maakt hem vervolgens helemaal lekker: mooie uitdaging, interessant, je bent er aan toe... Dan is het een kwestie van wachten totdat het project verder in het slop raakt.

Het mooiste moment, je *finest hour*, zal zijn wanneer je die medewerker van je bij je laat komen om te rapporteren, hem je teleurstelling uitspreekt, mededeelt dat je nu helaas daadkrachtig moet optreden en hem van het traject zal afhalen. Twee vliegen in één klap: je hebt je eigen mismanagement op die onnozele zwakke zondebok afgewenteld en je hebt je eigen reputatie wat opgepoetst door deze daadkrachtige ingreep.

Van belang bij deze techniek is dat je altijd in je directe omgeving 'spot' wie je het best kunt offeren. Maak vooral geen zondebokken van slimme en sterke collega's. Deze zullen je truc doorzien en alles in werking stellen om jou in je opzet en bedoelingen te hinderen door de bal weer terug te spelen naar waar je hem niet hebben wilt: bij jou.

Lobbyen Van de genoemde tactieken is de beïnvloeding van anderen door middel van het opzetten en uitvoeren van een lobby het meest geaccepteerd en gebruikelijk. Wie het handwerk van het lobbyen niet beheerst zal in de organisaties en in de netwerken van organisaties niet veel voor elkaar krijgen, het gebruik van alle officiële kanalen ten spijt.

Wie de ratrace wil lopen tot in de hoogste kringen zal niet veel bereiken zonder het lobbyen. Het lobbyen is gebaseerd op de netwerkmacht die je hebt. Niet alleen in de bestuurlijke en politieke circuits heeft men al sinds jaar en dag het nut van het lobbyen ontdekt, ook in bedrijven heeft men dat.

De principes zijn simpel. Je moet exact weten wat je wil, een lijstje maken van personen die je benadert, en bij elk gesprek dat je aangaat precies weten wat je bereiken wilt.

Zo was er in Nederland ooit een bestuursvoorzitter die de besluitvorming van zijn concern grotendeels via het lobbyen van zijn medebestuurders manipuleerde. De anekdotes verhalen ervan dat zijn bestuursvergaderingen altijd erg kort waren en een grote daadkracht vertoonden. Hij zou gezegd hebben, dat het belangrijkste van een vergadering is dat deze buiten de vergadering plaatsvindt: in de tweegesprekken, in het lobbyen.

Een ander voorbeeld komt van een museum, dat een verhoging van zijn subsidie nastreefde. In een conspiratief beraad werd de lobby opgezet: professionals en vrijwilligers deden mee. Op een whiteboard zetten zij de belangrijkste beïnvloeders (ambtenaren) en besluitvormers (gemeenteraadsleden, wethouders, burgemeester). Van iedere aanwezige werd nagegaan wie de beste toegang tot de ander had en welk overwicht hij op de ander had. Zo ging een oud-wethouder, die als vrijwilliger werk deed, op bezoek bij de huidige wethouder, een oud rechter bij de burgemeester koffiedrinken en de vrijwilligers die lid waren van een politieke partij gingen bij de gemeenteraadsleden van hun partij langs. De subsidie is er gekomen, niet zo hoog als gewenst maar toch...

Lobbyen loont, calculerend en enscenerend lobbyen helemaal. En mocht er ooit iemand op je afkomen met prachtige blauwe ogen, je vriendelijk bejegenen en halverwege het gesprek een gecamoufleerd pleidooi houden, let dan op: je wordt gelobbyd. En sluit dan niet de luiken, maar bedenk direct wat je aan de ander kunt vragen. Hij toont zijn afhankelijkheid. Een kans om zijn lobby tegen hem te keren.

Jezelf als instrument

In het rattenspel kun je een hoop maatregelen direct treffen, omdat ze vooral jezelf betreffen en niet de ander.

Waarheid liegen Een goede rat is een woordkunstenaar. Hij is in staat om met woorden van een mislukking het grootste succes van de kosmos te maken. Je zult regelmatig in situaties komen dat aan jou tekst en uitleg wordt gevraagd over gebeurtenissen, plannen en overwegingen. Sommigen zullen je het rechtstreeks vragen, anderen – slimmer – zullen je via omwegen bewerken dat te zeggen wat je liever niet had gezegd.

In de kantoorguerilla geldt ook hier dat hoe meer je de baas bent over wat je al dan niet vertelt, des te beter. Wees erop bedacht wie en hoeveel mensen je in vertrouwen neemt voor wat je van plan bent.

Niemand is zo gesloten dat jouw geheimen bij hem wel veilig zouden zijn.

De kunst is niet om 'leugens' te vertellen, verzinsels en dergelijke, de kunst is om met zoveel mogelijk woorden zo weinig mogelijk over wat je bezighoudt te vertellen. Er zijn een paar veelvoorkomende gespreks-technieken die je bij de ware rat, de geroutineerde manager, bestuurder en politicus zullen zijn opgevallen. Hier volgen ze nog eens voor tijden van nood:

- Verander van onderwerp als het je te lastig wordt. Pak een bijvoeglijk naamwoord bij de ander, een bijzin, en ga daarover filosoferen.
- Doe je dommer voor dan je bent. Veins dat je er geen kennis van hebt. Deze tactiek is erg interessant om tijd mee te winnen. En als het over toekomstige zaken gaat, is iedereen even dom.
- Weiger beloftes te doen, zodat je geen lasten op jezelf laadt. Er zullen altijd tegenstanders, critici, ondergeschikten zijn, die jou willen kunnen vastpinnen op wat je ooit beloofd hebt. Vermijd deze situaties. Als dat niet lukt, toon begrip voor het verzoek van de ander, maar zeg hem dat het je meer tijd kost om hierop in te gaan, hoeveel tijd weet je nog niet. Je moet zoveel mogelijk duiken in situaties van beloftes.
- Een grapje op zijn tijd kan de hele stemming in je voordeel doen veranderen, maar je moet voorkomen dat je een clown wordt.
- Vertel geen details over je bedoelingen, je doelen, je aanpak, beschrijf in de plaats daarvan het proces waarin je verkeert: 'Ik zit in een heel proces van overweging en heroverweging. Het is inderdaad een uitdagend en interessant proces.' Je liegt niet en je spreekt geen waarheid. Als medewerkers of bazen doorvragen, bevestig dan de goede vraag, prijs de vragensteller en benadruk dat je daarvoor in een heel proces zit. Dit is de standaardtruc van politici waaraan zoveel uren televisie nutteloos verstookt worden.

Reputatiemanagement De macht die je in je bedrijf hebt, hangt mede af van de reputatie die je hebt. Je zult stelselmatig hierover moeten nadenken en methoden moeten bedenken om je reputatie op te vijzelen. Je reputatie zal moeten passen bij de omgeving waarin je werkzaam bent. Het mooiste is wanneer je die eigenschappen vertoont die tot de droom van velen behoren.

Ik heb dat ooit in 'echte' ondernemerskringen meegemaakt. Je had daar een man met een geweldige reputatie van durf en moed. Hij had de lef gehad om zelf een bedrijf te starten, een leuk bedrijf, zoals hij altijd zei, waarin hij zélf heel graag wilde werken. Hij was succesvol en in een paar jaar had zijn bedrijf de omvang van zo'n achthonderd medewerkers.

Vanwege zijn reputatie was hij een graag geziene gast in seminars, op congressen, bij ronde-tafelgesprekken, op recepties. Want welke geur zweette hij uit? Wat cultiveerde hij als de beste? Nou? Dat was dat hij over het geheim van eeuwige voorspoed en zakelijk gewin beschikte. Dat het geheim grotendeels in het feit lag dat hij het tij had mee gehad, dat was iets wat hij er maar niet bij vertelde. Ik denk zelfs dat hij daar nooit over heeft nagedacht.

Dit is nu reputatiemanagement *pur sang*: inspelen op de dromen die de ander droomt. Vraagt het bedrijf om onkreukbaarheid en precisie: zorg dat je pak netjes in de vouw zit. Zijn creativiteit en originaliteit aan de orde, wees dan net even over de grens, waardoor je bewondering oogst omdat je iets doet waar een ander niet aan gedacht heeft of wat hij net niet durfde te doen. Moet je warm en oprecht zijn, speel het maar!

Wel dien je met je reputatie maat te houden. Je mag net even verder gaan dan de gemiddelde mens, maar niet al te ver. Ik heb ooit een goed politicus gekend, die met een goede staat van dienst zowel in de politiek als in het bedrijfsleven niet op de kandidatenlijst van de Eerste Kamer kwam te staan. De reden? Hij was te geprononceerd in zijn opvattingen. Hij had de reputatie van een man met prikkelende stellingnamen. Dat was nu niet wat de politieke partij waar hij lid van was verwachtte van een 'staatsman'.

Welke reputatie je ook wilt verkrijgen, binnen welke kring dan ook, één zaak moet je altijd voorkomen, namelijk dat je bekend komt te staan als een berekenend en calculerend mens. Je moet bij alle politieke spelletjes altijd een zekere naïviteit en integriteit veinzen. Een goede rat herken je niet als rat, zoals ik al in het begin van mijn brief schreef. Het komt er niet op aan wie je bent, maar wie je schijnt te zijn. De Romeinen zeiden: *videri non esse.*

Onvoorspelbaar zijn Je kunt je tegenstander door niets zo gek krijgen dan door onvoorspelbaar te zijn en de spanning hoog te houden. Wanneer ze niet goed weten wat er aan de hand is, gaan ze zelf invulling geven aan de blinde en vreemde vlekken.

Een hoogleraar, waar ik bij studeerde, leerde mij deze tactiek aan de hand van iets wat hem overkomen was. Nu moet je weten dat hij kreupel liep, met twee stokken. Op een goede voorjaarsavond, met prachtig licht, het zal een uur of zeven zijn geweest, liep hij in het Vondelpark in Amsterdam op weg naar een lezing die hij in een notabel pand zou geven.

Hij kuierde rustig op een recht weggetje met grind, telkens in het ritme van benen, stokken, benen, tot hij in de verte twee ongure types zag aankomen, type verveelde hangplekjongeren. Ze kwamen duidelijk op hem af. Foute boel, dacht hij bij zichzelf en hij schatte zijn kansen in. Omdraaien en teruggaan had geen zin, dan kreeg hij ze in de rug. Zijwaarts de struiken en het water in was ook geen reële optie. Dus doorlopen maar.

En hij loopt door. Zijn tegenstanders komen dichterbij; gestalten kregen contour en contrast. Foute boel. Het licht schijnt strak op deze ontmoeting. Op een meter afstand naderen zij elkaar. De twee jongens en de hoogleraar. Alles houdt de adem in. De beroving is op handen.

Dan schiet de prof de regel van de onvoorspelheid te binnen en in een felle beweging gooit hij zijn krukken opzij, gaat als een dwaze vogel met zijn armen fladderen en schreeuwt: 'Oeaa, oeaaa.'

Stilte.

De jongens kijken elkaar aan, draaien zich om en lopen weg. Gerard, laten we de prof een naam geven, pakt zijn krukken, en loopt ook door. Verderop ziet hij bij toeval – was het toeval? – een agent aankomen. Hij schiet de man aan, vertelt zijn verhaal en deze gaat op weg om de jongens aan te houden. Ze worden meegenomen naar het politiebureau op de Overtoom.

En omdat Gerard een echte wetenschapper is en de mens in het algemeen graag bestudeert en hangplekjongeren die hem willen beroven in het bijzonder, loopt hij ze achterna, richting bureau. Daar binnengekomen vraagt hij of hij met de twee jongens mag praten en met zijn charme krijgt hij dat voor elkaar.

‘Waarom hebben jullie me niet beroofd, waarom gingen jullie nou weg,’ vraagt hij. De jongens staren hem nog verbaasder aan. Eerst dat, nu dit weer. ‘Nou,’ stottert de jongste, ‘u deed nogal gek. En gekke mensen mag je niets doen. Het was zo raar.’

Tot hier maar de anekdote, omdat ik mijn punt kan maken. Want dit verhaal, deze gebeurtenis laat zien dat je door iets onverwachts te doen situaties helemaal kunt veranderen. Die twee jongens hadden de ontmoeting vermoedelijk als een beroving geanticipeerd, maar waren door de onverwachte zet van een gehandicapte man helemaal van hun stuk gebracht, waardoor zij niet meer precies wisten wat ze moesten doen. De situatie was vervaagd en onvoorspelbaar gemaakt.

Toen ik jaren later deze hoogleraar tijdens zijn afscheidsfeest, omdat hij met pensioen ging, vertelde hoe hij in mijn verhalen voortleeft, keek hij zeer geamuseerd en terwijl ik hem het verhaal in geuren en kleuren vertelde, werd hij steeds vrolijker tot verkneukeld toe. Hij kon het bijna niet in zich houden, en toen ik eindelijk klaar was riep hij uit: ‘Wat een prachtig verhaal, maar dit is nooit gebeurd. Maar wat een prachtig verhaal.’

Zo kwam dit verhaal over het onverwachte ook voor mij nog tot een onverwachte ontknoping. Maar de essentie moge duidelijk zijn: Creeer spanning door onvoorspelbaar te zijn. Maak je wat raadselachtig. Maak situaties doelbewust vaag. Maak jezelf vaag.

Sporen vernietigen Er is ooit een koninkrijk geweest, hier ver vandaan, waar veel grote bedrijven samen aan de bouw van dat land werkten. Het was voor hen geen vetpot. Maar gelukkig konden ze de domme overheid met hoge rekeningen tillen en allerlei ambtenaren omkopen om dure verordeningen te omzeilen. Ze cashten dat het een lieve lust was.

Je zou toch zeggen dat dit het onvervalste rattenwerk is, dat we hiervoor ons petje van het hoofd moeten nemen. Alleen, alleen waren ze zo dom geweest om in hun hebzucht allerlei schaduwboekhoudingen bij te houden. Want ze waren als de dood dat ze zelf in de fraude getild zouden worden. De ander mag je naaien maar niet elkaar. Dom, dom.

Want er woonde in dat land ook een klokkenluider die het een en ander uit wraakzucht aan het licht bracht. Bij de insiders kon je toen het gerucht horen dat alle papierversnipperaars in twee dagen waren uitverkocht en dat deze gedurende vele weken dag in dag uit hadden gewerkt om alle sporen uit te wissen.

Degene die denkt dit land te kennen, moet het me maar zeggen. Nederland zou het nooit kunnen zijn. Daar wonen zulke rechtschapen bouwers en als ze al eens over de schreef gaan, dan zullen ze nooit zo dom zijn tegen de basisregel van de rat te zondigen door sporen na te laten. Doe dat dus nooit.

Zorg ervoor dat je nooit in diskrediet gebracht kunt worden. Dus geen aantekeningen voor een coup bij de kopieermachine laten slingeren (zoals ik ooit heb gedaan, hetgeen me nog een minpuntje op mijn conduitestaat opleverde vanwege mijn manipulatieve vermogens, wat ik op mijn beurt maar weer als een compliment heb opgevat), geen e-mail van je bedrijf gebruiken voor overleg tijdens al je rattigheid, niet op de voorgrond treden bij fluistercampagnes. Nooit aantekeningen maken die kunnen wijzen op je doelen, strategieën, je streken. En als je al een computer gebruikt, mijd de computer die je van je bedrijf hebt gekregen. Het is bedrijfseigendom en kan worden teruggevraagd. Vergeet vooral geen filmrolletjes te vernietigen wanneer daarop voor jou heikele foto's staan. Stop ze in een badje met verkeerde chemicaliën. Ik geef toe: het is een defensieve techniek. Maar succesvol toegepast en niet door de geringsten!

Zelfkennis verkrijgen Een van de grootste deugden, waar alle denkers over politieke spelletjes over geschreven hebben, is dat je in staat bent om je eigen zwakheden te doorgronden en af te grendelen van de grijpgrage handen van al die andere ratten om je heen.

Zo is een van mijn ondeugden dat ik een ijdel mens ben: iemand bij wie het uiteindelijk om de bewondering, de erkenning en het applaus gaat. In het bedrijfsleven is dit snel een zwakte, doordat de talentvolle rat hier zijn kansen ruikt.

Op een dinsdagmiddag werd ik ooit thuis gebeld, waar ik aan het werk was. Het was de baas van mijn baas van mijn baas: hoog dus. Hij verontschuldigde zich beleefd dat hij mij thuis belde, maar hij zat met een groot probleem. Zijn secretaresse en hij konden niet meer door één deur. Het was al zo geëscaleerd met tranen en emotionele woorden dat ontslag er aan zou komen. Of ik eens met haar wilde praten en wilde polsen wat zij wou.

'O, ja de reden dat ik met jou nu bel, is dat je zo'n menselijke kijk op mensen hebt. Je kunt zo goed met mensen omgaan.' Je begrijpt dat het van achteren jeukte van het genot door al die veren die ik erin gestoken had gekregen. Heel ver weg luidden ergens wel wat noodklokken, waardoor ik nog net kon zeggen dat ik morgen direct met haar zou praten, mijn agenda zou schoonvegen, maar als het niet klikte, dat ik dat hem zou zeggen.

Het was duidelijk, ik werd voor het karretje van mijn eigen ijdelheid gespannen. De hele zaak stonk ook. Ik was alleen gevraagd om bewijsmateriaal te verzamelen over de emotionele instabiliteit van die vrouw, dat in een later stadium als troef zou worden gebruikt. De baas wist bij voorbaat dat mijn 'goede werken' op niets zouden uitdraaien, maar daar was het hem ook niet om te doen geweest. Hij wilde bij de rechter aantonen dat hij er als goed werkgever alles aan gedaan had om...

Ik heb deze manipulatie altijd zeer op prijs gesteld omdat die directeur mij iets duidelijk maakte wat niet voor mijn omgeving maar wel voor mij tot dat moment duister was gebleven: mijn ijdeltuiterij. Vanaf dat moment sloot ik mijn luiken wanneer er complimenten in mijn richting kwamen.

Dit verhaal vertelde ik ooit aan zeer machtig man in Nederland, een konkelaar uit de A-klasse, en ook dat ik nu in staat was met al mijn verworven zelfkennis de luiken te sluiten bij het noodweer van complimenten. En hier keek hij van op en schudde meewarig zijn hoofd: 'Dit is helemaal fout. Als iemand naar je toekomt om jouw verlangens naar bevestiging en complimenten te bevredigen, moet je de luiken niet sluiten. O, nee, je moet direct denken: die man, die vrouw is van mij afhankelijk, wat heb ik van hem, van haar nodig? Je moet niet teveel reageren, maar een beetje uit de hoogte antwoorden en dan met je tegeneis komen.'

Waarom heb ik er zoveel jaren over gedaan om in de masterclass van de rattigheid te komen?

6 | Het grote spel

Alle kennis van belangen, machtsbronnen en tactieken ten spijt, op een gegeven moment zul je de draden bijeen moeten pakken en het spel moeten spelen. In dit deel van mijn brief wil ik het spel zelf, de processen die eraan ten grondslag liggen centraal stellen, zodat je een beter gevoel voor het geheel krijgt.

Wat het rattenspel soms zo lastig maakt is dat de strijd een lange tijd duurt, zodat je de enkele zetten en streken als fragmentarisch en geïsoleerd ervaart. Ik raad je daarom aan op gezette tijden een 'doorloop' te maken, zoals de regisseur dat bij het instuderen van zijn toneelstuk doet: het geheel doorzien door de scènes achter elkaar te plakken. Alleen zul jij dat in je geest moeten doen, terwijl je ook nog eens de handicap hebt dat je de afloop, de finale, nog niet gezien kan hebben. Zoals voor alle menselijke aangelegenheden geldt: het verhaal kan pas achteraf worden verteld. Toch is het verstandig om jezelf regelmatig het grote verhaal van de gebeurtenissen te vertellen, terwijl je in je achterhoofd telkens de vraag laat meespelen: begrijp ik het? Begrijp ik het nu? Dat houdt je op koers.

Overgang van eerlijkheid naar rattigheid

De meeste werknemers voelen aan wanneer zij de grens overgaan of zijn overgegaan, die tussen 'fair play' en 'rattigheid' ligt. Jarenlange morele training en ethische indoctrinatie hebben hun werk goed gedaan. Dat je de grens bent overgegaan merk je wanneer je minder 'open' bent en je woorden beter dan voorheen afweegt, zoals ik je in hoofdstuk twee vertelde.

Veel mensen vinden het werk dan ook zwaarder worden omdat zij er de last van het 'rattenspel' bij krijgen. Of zoals een directeur me ooit vertelde: 'Ik vind mijn eigenlijke werk nog steeds erg leuk, maar die voortdurende tegenwerking, die permanente gevechten. Ik word er doodmoe van.' Wanneer mensen over vermoeidheid en demotivatie klagen, zal je direct je aandacht moeten richten op de politieke strijd die eraan ten grondslag ligt. Dat is ook voor jezelf een goede vuistregel.

Een ander kenteken dat je op het punt staat het land van 'normaal werken' te verlaten, is wanneer je gaat piekeren over of je nu wel 'eerlijk' moet zijn tegen je bazen en collega's, of dat je beter de 'waarheid kunt gaan liegen' en je lippen moet verzegelen. Als je met dit probleem worstelt, prijs dan de dag, want je bent hoogstwaarschijnlijk in een beroemd dilemma terechtgekomen, het zogenaamde '*prisoners dilemma*'. Ik zal het je hieronder aan de hand van een klein schema kort uitleggen.

		BAAS	
		Open	Gesloten
IK	Open	*Beide winnen wat*	*Ik delf onderspit*
	Gesloten	*Ik grote winst*	*Beide verliezen wat*

Aanvangsdilemma

We gaan in het voorbeeld uit van een strijd met je baas. Zowel jij als je baas kan open zijn of gesloten over wat jullie eigenlijk willen, wat jullie belangen zijn, jullie tactieken en dergelijke. Als je open bent, dan handel je in goed vertrouwen, en omgekeerd als je gesloten bent uit wantrouwen.

Het vervelende met je gepieker is, dat je je probeert in te denken of de baas ook open zal zijn of niet. En hij zal dat ook doen. En op basis van een berekening zul je voor het een of het ander kiezen.

Als jij open bent en je baas ook, dan kunnen jullie met enige puzzelen en meten wel tot een 'deal' komen. Het is hoogstwaarschijnlijk dat je beide wat wint. Het wordt pas vervelend als je werkgever jou graag open laat zijn en hijzelf gesloten blijft. De kans is dan dat hij je eerlijkheid tegen je zal gebruiken. Want in deze situatie sta je op het grootste verlies.

Het omgekeerde is het geval – de voor jou beste optie –, wanneer je baas eerlijk tegen je is en jij laat het achterste van je tong niet zien. Vermoedelijk kun je optimaal van zijn naïviteit profiteren.

En wanneer jullie beiden nog maar zeer behoedzaam en argwanend met elkaar omgaan, is de kans aanwezig dat jullie beiden je belangen niet helemaal zullen realiseren, dan zul je op gematigde wijze ook verlies lijden.

Je vraag is natuurlijk, wat je met dit dilemma in je werk aan moet. Zelf hanteer ik de regel, dat 'trouw' moet blijken. Geslotenheid over zaken die er echt toe doen, is bij mij eerder aan de orde dan een onbevangen openheid, hoewel ik tot het laatste van nature meer geneigd ben dan tot het eerste.

Samenvattend: als je erover piekert of je de ander kunt vertrouwen of niet, dan ben je nog maar een haarlengte van 'wantrouwen' verwijderd. Zo zijn er allerlei kentekenen die een aanduiding zijn dat je de stap van het 'eerlijke spel' naar de rattigheid aan het nemen bent of net gezet hebt. Houd er rekening mee, dat vertrouwen net als een reputatie te voet komt, maar te paard gaat.

Gradaties van rattigheid

Een proces van rattigheid kan behoorlijk escaleren: van heimelijke naar openlijke vijandigheid, van subtiele rattentactieken tot het grovere werk van passeren, isoleren en het panoptisch onderwerpen van mensen. Je hoeft in je gevechten niet direct de paardenmiddelen in te zetten.

Ik heb ooit van een ervaren rot in bedrijfspolitiek een handige indeling gekregen, die ik niet wil nalaten je hier door te geven. Hij maakte een onderscheid tussen 'slim', 'sluw' en slinks' opereren.

Voor iemand die slim handelt hebben we meestal respect. Het zijn ook werkwijzen die wanneer ze aan het licht komen een gevoel van verkneukeling en plezier opleveren.

Dat gevoel hebben we niet van iemand die sluw is. Dat zijn meestal de mensen die we mijden en waar de alarmbellen van argwaan afgaan. Het punt is dat iemand die sluw is, zijn gekonkel en gekuip ook tegen ons kan gebruiken. Als sluw bekend staande mensen worden meestal op afstand gehouden en met gereserveerdheid bejegend.

En slinkse mensen, tsja, dat zijn de ondernemers die met allerlei trucs een ondoorzichtig netwerk van BV's opzetten om hun behoefte aan geld zoveel mogelijk te bevredigen. Slinks is voor de meeste mensen iets waar ze geen respect voor hebben. Nu moet je je niet door deze morele kwalificaties laten afleiden, uiteindelijk telt het resultaat. Wat je wel in de gaten kunt houden, is dat je vermijdt om een sluwe of slinkse reputatie te krijgen. Bedek dus al je slinkse daden in de jas van integriteit of slimheid.

Beginspel

Wanneer je aan een gevecht begint, dan zijn er een aantal aspecten die je kunt overwegen. De meeste ratten die ik in de loop der tijd heb gesproken, gaven mij te kennen dat zij nooit onbezonnen de strijd in gingen. Wat ook niet wilde zeggen, zo verzekerden zij me, dat je het altijd bij het rechte einde hebt. Je vergeet dingen, ziet details over het hoofd die je in het begin te onbeduidend vindt om er aandacht aan te schenken maar die later toch weer cruciaal blijken te zijn.

In het begin verken je vooral de arena en probeer je die zo comfortabel mogelijk voor jezelf in te richten.

Inschatting situatie De beste ratten zijn '*Realpolitiker*'. Dat wil zeggen, dat zij met een nuchtere blik hun situatie in ogenschouw nemen. Ze kijken naar de 'feiten' zoals deze voorhanden zijn, en bepalen welke 'rek' er in de situatie zit.

Als je dit leest, zul je waarschijnlijk denken, zo iemand ben ik ook en dat spreekt toch vanzelf. Was het maar zo! Heel veel mensen die in een strijd terechtkomen zijn geneigd om direct er van weg te vluchten door de strijd te ontkennen of er juist 'vol' met alle bombastische boosheid en drift in te gaan, door te vechten. We zien hier de biologische impulsen van het dier dat mens heet: vluchten of vechten.

De 'realpolitiker' daarentegen doet iets 'onnatuurlijks'. Hij stopt en draait zich naar het gevaar en analyseert dit: wat zijn de factoren, wie zijn de spelers, hoe sterk ben ik, hoe sterk is de ander, wat sleep ik eruit, welke realistische uitkomsten komen mijn belangen het best nabij: waar koers ik op? In een oogopslag – na veel gepieker en gepuzzel – ziet hij wat voor hem het meest realistische pad is om te gaan. Zelfs wanneer hij besluit om 'hoog spel' te spelen of 'hoog in te zetten', zijn dat weloverwogen besluiten. Overmoed en branie komen in het woordenboek van de rat niet voor.

Een man halverwege de veertig vertelde me dat hij met zijn huidige werkgever in een conflict terecht was gekomen, omdat zijn baas de afdeling waar hij met drie andere collega's met veel plezier werkte, wilde opheffen. Hij had dat bericht ergens in de zomer te horen gekregen, toen hij op vakantie was.

'Ja,' zei hij me, 'ik ben toen maar een paar flinke wandelingen in de Alpen gaan maken. Om zowel mijn emoties te kauwen als om na te denken wat me te doen stond. En als bij een ingeving begreep ik dat de strijd voor het behoud van mijn afdeling zinloos en heilloos was. Het bedrijf ging andere producten maken, wij waren te duur en de markt was aan het veranderen. En terwijl ik aan het klauteren was, bedacht ik me, dat ik een ouderwets arbeidsconflict op mijn pad had gekregen en dat ik mijn huid duur moest verkopen: ze konden niet zomaar van mij af. Ik besloot dat het strijd zou worden. Binnen een half jaar zou ik een nieuwe baan hebben en een som geld meekrijgen.'

De bovenstaande opmerking laat ons zien waar het proces van inschatten op gericht is, namelijk op de realiteitswaarde van wenselijk en onwenselijk geachte uitkomsten. Zulke uitkomsten krijgen pas betekenis voor je, wanneer je ze in verband brengt met wat je zelf wil, met je eigen doelen en belangen, op korte termijn of op langer termijn.

Eenzelfde conflict krijgt een geheel andere inkleuring en wending wanneer de strevingen, de dromen, fantasieën, nachtmerries van de betrokkenen anders uitvallen. Het maakt verschil, of je naar financiële rust en zekerheid streeft, omdat je torenhoge schulden vanwege een echtscheiding hebt, of dat je naar een hogere positie ijvert, of dat je toch al besloten hebt om het bedrijf waar je werkt binnen afzienbare tijd te verlaten, omdat je een eigen bedrijf aan het oprichten bent, of dat je door idealen bezeten bent, omdat de natuur, de mens, het dier je ter harte gaat.

Hoe dat ook zij, tot het huiswerk waartoe je in de beginsituatie van een strijd bent veroordeeld, behoort het opnieuw beantwoorden van de vraag: waar ben ik op uit? In tegenstelling tot wat allerlei geluksboekjes over levenskunst verkondigen is deze vraag over het algemeen weinig spectaculair en de antwoorden zijn dat zeker niet. De meeste mensen weten wel waar ze op uit zijn. Je moet het alleen even op een rijtje zetten.

Een kleine exercitie van de machtsbronnen waarover jij en de tegenpartij beschikken is dan ook geen overbodige luxe. Je zult in je afwegingen moeten betrekken, hoe goed of slecht je bedeeld bent met de machtsbronnen die ik eerder heb genoemd.

En vergeet niet, dat je meestal meer macht hebt dan je zelf denkt: netwerkmacht is de eenvoudigste en meest verspreide machtsbron. Soms zul je al in het begin je rattenspel moeten uitbreiden naar andere mensen, soms zijn het lotgenoten, soms zijn ze instrumenten voor je. Wanneer je andere mensen in vertrouwen moet nemen, ga dan vooral niet over één nacht ijs. Is de ander een loslippige babbelkont? Kan hij zich tegen je keren? Gaat hij aan de haal met wat je vertelt? Breng je de ander met je vertrouwelijkheden in een lastig parket, omdat hij bepaalde plichten moet naleven omdat hij bepaalde belangen behartigt?

Mijn ervaring met vertrouwelijkheden is tweeërlei. Het goede nieuws is dat het gemeenschappelijk samenzweren tot betere plannen en gevechten leidt. Het slechte nieuws is dat je bij meer mensen in de gaten moet houden wat ze weten en wat niet, of ze roddelen of niet.

De gevaarlijkste mensen zijn zij die enthousiast zijn en een slecht ontwikkeld gevoel hebben voor de zwaarte van de informatie die hen door anderen is gegeven. Dit heeft niets met intelligentie, sociale handigheid of strategisch vermogen te maken. Ik ken een briljante man, midden dertig, die het ongetwijfeld nog veel verder zal schoppen in de bestuurlijke kringen wanneer hij beter in staat is zijn enthousiaste manier van spreken onder controle te houden, waardoor vertrouwelijkheden minder snel argeloos van zijn lippen vliegen.

Wanneer je zo je gedachten over het ophanden zijnde conflict hebt opgemaakt, wordt het vanzelf tijd voor de eerste schermutselingen, de eerste zetten en streken. Het douwen en trekken gaat beginnen. Je merkt dat de rat nog maar voor drie zaken aandacht heeft: de bedoelingen van de tegenstander, de uitgangspositie van de ander, de strijd om het initiatief.

Verschil tussen 'goede' en 'ware' redenen Net zoals jij je geheime plannen, strategieën en overwegingen hebt, heeft je tegenstander dat ook. In de beginfase zul je hier veel aandacht aan besteden. Je zult, zoals een familielid mij ooit leerde, het onderscheid tussen de 'goede redenen' en de 'ware redenen' van de ander moeten leren maken. Want iedereen in het bedrijfsleven heeft geleerd dat je elke daad niet met ware maar met goede redenen moet omkleden. De 'ware' zul je moeten opsporen.

Dus nu eens bespioneer je de ander via informanten die je in de omgeving van je tegenstander runt. Dan weer heb je rechtstreekse gesprekken met hem of haar en speel je het spel 'laten we eerlijk zijn', waarbij je de ander een nutteloos detail voorhoudt dat je met al je retorische gaven tot hoofdzaak hebt opgeklopt in de hoop dat hij er in stinkt en 'echt' eerlijk is. Of je legt de ander pseudo-hypothetische gevallen voor in de hoop dat deze er zijn bedoelingen en intenties in onthult: Stel dat dit het geval zou zijn, hoe zou jij er dan tegenover staan? Dan weer verplaats je je helemaal in de ander: stel dat ik P. ben, hoe zou mijn leven er dan uit zien? Wat zou ik dan nastreven en wat zou ik dan doen?

Verzwakken In conflicten in het bedrijfsleven wordt al snel geprobeerd je in te pakken en je te verzwakken. En terecht ook, want als je bij voorbaat de energie van de ander kunt laten weglekken, wordt de strijd schoner en in ieder geval een stuk comfortabeler.

Ooit wilde een manager van vijf medewerkers af omdat ze hem gewoon meer kosten dan opbrachten. Bovendien had hij de opdracht van de aandeelhouders/eigenaren gekregen om alle *bleeders* weg te snijden, omdat het bedrijf op den duur verkocht moest worden. Zij wilden eindelijk hun droom realiseren: cashen.

Hij ging het gesprek met deze vijf mensen aan, wetende dat er wel wat strijd zou komen want de belangen liepen uiteen. Zijn inschatting was dat de zaak een 'eitje' zou zijn en soepel en clean kon verlopen – zonder al teveel kosten – als hij hen bij voorbaat zou verzwakken.

De tactiek die hij gebruikte, behorend tot het standaard managementrepertoir, was die van 'het misplaatste slachtoffer'. 'Ja mensen,' zo begon hij het gesprek, 'ik heb er de hele zomer over moeten nadenken, nee, als ik me goed herinner was ik er al in het voorjaar mee bezig. Ik heb er heel lang over moeten nadenken en het was zeker geen eenvoudige zaak. Ik vond het zelfs heel moeilijk, zoals jullie begrijpen. Maar het punt is dat we jullie afdeling op afstand van het bedrijf moeten plaatsen. Want als we zo door zouden gaan, dan zou het wel eens helemaal fout kunnen gaan. En dat jullie afdeling...'

De vijf medewerkers zwegen eerst en begonnen toen vragen te stellen: 'Goh, hoe heb je dat beleefd? Wat waren je afwegingen? Moeilijke problemen? Wat kunnen wij eraan doen?' Ai, ze waren erin gestonken. De tactiek had gewerkt, ieder geval tijdelijk. De baas had zijn spelletje mooi gespeeld: hij was het slachtoffer geworden en had zijn medewerkers om hulp gevraagd.

De beul vraagt het slachtoffer om zichzelf op te hangen, omdat hij het zelf zo'n naar gezicht vindt. Zo zijn er in het begin vele spelletjes te spelen, die het doel hebben: de ander te verzwakken. Er gelden hierbij een paar vuistregels:

- Maak je tegenstander zwart door hem voor dader uit te maken of voor beul, terwijl je zelf de vermoorde onschuld bent.
- Als je zelf niet onder het 'daderschap' uitkomt, verwijs dan altijd naar de omstandigheden die jou noodzaakten tot...
- Speel in op de misplaatste loyaliteit van de ander. Veel mensen in organisaties zijn in het begin loyaler aan het bedrijf dan aan zichzelf.
- Speel de 'underdog' om te kijken of de ander de rol oppakt van 'edelmoedige' en 'redder'.

Waar je zeker mee te maken krijgt en dat ligt in het verlengde van het bovenstaande is dat er in het begin een gevecht ontstaat over wat er aan de hand is: een 'conflict', een 'technisch verschil van mening', een 'natuurlijke hobbel in een veranderingstraject', een 'broederlijke twist', een 'win–winsituatie', een 'de-overwinning-van-de-een-is-het-verlies-van-de-ander-gevecht'.

Of zulke typeringen verzinsels zijn of echt hout snijden, weet ik niet. Wat me wel is opgevallen is dat mensen zich op een bepaalde manier gedragen naar de manier waarop zij het conflict onder woorden brengen, hoe zij, zoals we het sinds enkele decennia noemen, de situatie definiëren. Vandaar ook dat managers liever spreken van een 'win–winsituatie' dan van een 'conflict': al naar gelang het geval komen andere emoties en andere gedragingen naar boven.

Je zult als rat altijd erop bedacht moeten zijn dat de ander de macht wil krijgen over de ‘betekenisgeving’, over het definiëren van wat er eigenlijk aan de hand is. En hij zal dat altijd op die manier doen, die voor zijn belangen het gunstigst is. Je zult er niet aan ontkomen om hetzelfde te doen. Komt het zalvende ‘win–win’ je beter uit, dan speel je dat, is het ‘we-hebben-een-serieus-arbeidsconflict’ gunstiger, laat dat het dan zijn. Voor de rat bestaan er geen ware of onware typeringen, alleen maar nuttige en onnuttige.

Langzamerhand wordt het dan ook tijd om na te denken over het eindspel: waar en wanneer zal het uur van de waarheid komen. Wordt het een rechtszaak, is het een besluit van de gemeenteraad, moet de raad van bestuur eroverheen?

Ervaring leert dat je in je conflicten niet vroeg genoeg kunt beginnen met na te denken over de afloop, over het eindspel. Als de kaarten voor de rechter worden gespeeld, zul je vanaf het begin je dossier moeten opbouwen, het bewijsmateriaal aanleggen dat de ander in een kwaad daglicht stelt. Of als er documenten in het bedrijf zijn die jou kunnen tegenwerken, dan moet je nagaan of je deze kunt verwijderen of veranderen.

Zo ontdekte een ‘sublieme rat’ die voor zichzelf wilde beginnen en nog bij zijn oude baas werkte, dat zijn arbeidscontract waarin het concurrentiebeding was opgenomen, was zoekgeraakt. Omdat zijn directe chef met de vriend vree met wie hij de nieuwe onderneming zou starten, was de weg snel open. Zij zou een nieuw contract opstellen zonder concurrentiebeding en dit opbergen in het dossier. Zo gezegd, zo gedaan.

En toen de twee mannen met hun bedrijf begonnen, probeerde het bedrijf hun komst op de markt te verhinderen door een beroep te doen op het concurrentiebeding van de een: helaas, in het personeelsdossier was slechts een contract aanwezig, waarin geen concurrentiebeding was opgenomen.

Slim: hier is op uitstekende wijze geanticipeerd op het eindspel – een rechtszaak –, van de gelegenheid gebruik gemaakt, en zijn de stukken aangepast waar nodig. Of dit in moreel opzicht oorbaar is, of dat hier sprake is van fraude, dat oordeel laat ik graag aan ethici en juristen over, mij gaat het om de amorele beschrijving van wat ratten doen. De les is dus dat je in het beginspel al moet anticiperen op het uur van de waarheid.

Iemand leerde mij ooit dat je bij elk proces drie plannen kunt onderscheiden. Ten eerste heb je het plan vooraf met daarin de marsroute die je hebt uitgestippeld. Ten tweede het plan tussentijds, waarin je alle wijzigingen aanbrengt omdat het pad er toch anders uitzag dan je gedacht had en allerlei onvoorspelbare en onverwachte gebeurtenissen zich voordeden. En ten slotte heb je het plan achteraf, de reconstructie van de gebeurtenissen, waarin je zegt, dit was het 'eigenlijke' plan. Het plan dat pas geconstrueerd kan worden als alles achter de rug is.

Het probleem, zo zei deze slimme man mij, en tegelijkertijd de sappigheid is dat deze drie plannen niet op elkaar hoeven te lijken. Hou dit in gedachten als je plannen smeedt. Je doet het minimaal drie keer.

Het middenspel

In het middenspel komen de tactieken die ik je eerder heb beschreven in hun volle glorie en in alle variaties die je maar kunt bedenken terug. Je zult treiteren, je zult troefkaarten verzamelen, de netwerken in gaan om je gram te halen, nee, niet om je gram te halen maar om je doelen te bereiken. En dan weer eens zul je werken aan je reputatie, omdat deze een kant op dreigt te gaan die je niet voor ogen staat, en dan weer strooi je lichtjes met een bus gevuld met 'zwartmakerijtjes' om de alledaagse omgang met het zout van de argwaan te kruiden.

In dit middenspel komen een paar aspecten aan de orde, die inherent zijn aan het proces zelve en waar je soms wel en soms niet enige invloed op kunt uitoefenen. Alle reden om er op deze plaats wat dieper op in te gaan.

Initiatief en regie Uit al mijn gesprekken met ratten en ook uit mijn eigen ervaringen blijkt telkens weer dat wie er het tempo en de aard van de strijd bepaalt, een groot punt van aandacht en zorg is. Je wilt namelijk de hele tijd het spel bepalen en de tegenzetten van de ander zo goed mogelijk inperken en laten gebeuren op momenten die jou het best uitkomen.

Of je nu defensief of offensief het gevecht aangaat, jij wilt de hele tijd bepalen hoe het spel wordt gespeeld. En omdat de ander dat ook wil, ook hij wil de situatie definiëren, het tempo bepalen, jou op zijn daden laten reageren, krijg je al snel een gevecht erbij: wie heeft er het initiatief?

Je mag dit niet verwarren met 'pro-actief gedrag', een term die in managementliteratuur gebruikt wordt om de ondernemingszin en de aanpakkende bereidheid van brave Hendrikken aan te duiden. Nee, bij de rat ligt 'initiatiefbereidheid' een stuk subtieler.

Je zult vaak meemaken dat je niets doet, dat je op de achtergrond blijft om de strijd aan te zien en te laten verlopen. De reden dat je niets doet is omdat deze tactiek in al je overwegingen de beste bleek. Soms zul je doortastend in actie moeten komen om de strijd een wending te laten nemen omdat de sterren nu gunstig aan de hemel staan, omdat het ijs zo dik is dat je erop kunt schaatsen. En wanneer je het initiatief dreigt kwijt te raken, dan zal de 'listige' in je moeten opstaan om de regie weer in handen te krijgen.

Stel, hypothetisch, dat je bij een bedrijf werkt en je baas vraagt je om mee te denken over een hervorming van je afdeling. Hij stelt je de vraag: 'Kunnen we niet eens nadenken over de invoering van een nieuw bedrijfsmodel?' Dit is braaftaals voor: de werkwijzen moeten anders, er moeten mensen weg, je arbeidsvoorwaarden gaan erop achteruit, en jouw kop kan ook rollen.

Allereerst moeten we waardering uitspreken voor de retorische begaafdheid van zo'n baas. Hij is in staat om de situatie op een fraaie manier te definiëren: de invoering van een nieuw bedrijfsmodel. Wat normale mensen een 'zakelijk conflict' noemen waarbij de belangen uiteenlopen, betitelt hij als een technisch probleem. Met deze zet probeert hij de situatie naar zijn hand te zetten en neemt hij het initiatief, de leiding, in handen.

Wanneer je daarmee akkoord gaat, zal hij vervolgens als spelverdeler optreden en je vragen om het een en ander concreet uit te werken. Dit is voor hem een hele gunstige zet. Wanneer je 'ja' zegt, dan aanvaard je zijn definitie van de werkelijkheid: er is geen conflict maar een technisch mankement, je doet wat hij zegt en wil dat je doet, en – dat is het belangrijkste – hij heeft zich in de achterhand gezet. Hij kan achterover leunen en al jouw voorstellen bestuderen, bekritiseren, ja en nee zeggen. Hiermee is hij de 'leider' van het conflict geworden.

Je kunt er vergif op innemen dat hij de situatie die richting zal insturen die voor hem het meest van belang is. En dit kun je hem nooit verwijten, omdat je je dan als slachtoffer opstelt, iets wat een goede rat nooit doet. Je kunt beter zijn voorbeeld navolgen. Wat je dan ook ervaren 'ratten' ziet doen is dat zij zo snel mogelijk weer proberen om het initiatief aan hun zijde te krijgen.

In dit hypothetische geval zou je de bal kunnen terugspelen door iets te zeggen in de zin van: 'Interessant al die ontwikkelingen. Ik begrijp dat je heel wat van plan bent en dat je veel dingen wilt. Ik wil graag meewerken op basis van een concreet voorstel van jouw kant. Dan pas kan ik iets zinnigs zeggen'.

Kijk, hier zeg je dan op beleefde wijze, dat zijn probleem zijn probleem is en dat je er pas in de achterhand op wilt reageren. Waarschijnlijk zal hij nog een paar pogingen wagen om je er in te laten stinken: 'Je kunt toch wel alvast suggesties aandragen. Want dan krijgt het plan veel meer draagvlak.'

Je wilt natuurlijk meedenken en meewerken – welwillendheid veinzen – maar dan wel op een manier die zinvol is: op basis van een voorstel van zijn kant. Op dat moment heb je het initiatief van hem overgenomen. Je hebt hem aan het werk gezet, hem naar zijn verantwoordelijkheid terugverwezen en kunt nu gaan wachten totdat hij komt.

De afspraken heb je vastgelegd en door hem laten accorderen: geen ontsnapping meer mogelijk. En als het te lang duurt totdat hij komt, dan stuur je een beleefde e-mail of alles wel in orde is of hij wellicht iets gestuurd heeft wat niet is aangekomen. Je houdt hiermee de leiding over het proces. Uiteraard stop je de e-mail in je dossier, omdat dit een bewijsstuk is dat je baas onzorgvuldig met je omgaat.

Versnellen en vertragen Bij een complexere strijd moet je vaak veel werk achter de schermen verrichten voordat je een bepaalde zet kunt doen. Dit vereist van je dat je zoveel mogelijk het tempo van de zetten – de reeks van activiteiten – overweegt en manipuleert. Jij geeft de maat aan, jij bent de dirigent.

Kan dat altijd? Nee, soms zijn de anderen krachtiger dan jij en doen zich onverwachte gebeurtenissen voor. Maar in elke organisatie zijn mechanismen van vertragen en versnellen te vinden. Je kunt hiermee de gebeurtenissen het tempo geven dat voor jouw meesterzet noodzakelijk is.

Zo moest een adviseur ooit twee besturen laten fuseren, die elkaars bloed wel konden drinken. Volwassen mannen en vrouwen met elkaar laten samenwerken, die na lange en succesvolle loopbanen in de instituties nog steeds de geestelijke volwassenheid van diepvrieskippen hadden. Enfin, hij kon de voor- en nadelen van een mogelijke fusie niet op een normale wijze met hen bespreken. Dat leverde niets meer op.

De enige uitweg was om een situatie te scheppen die de pijn en het leed van de niet-fusie groter zou maken dan de smart om met je grootste vijand te moeten samenwerken. Hij zou het spel spelen via de reductie der alternatieven waarbij slechts twee kwaden over zouden blijven, waarbij de keuze voor het minste kwaad precies de weg was die hij had uitgestippeld.

Hij deed dat door de twee besturen van alle kanten te bestoken met vragen waarover beslissingen genomen moesten worden, beslissingen waar de andere partij bij betrokken moest worden. Uiteindelijk moesten ze drie keer per week extra vergaderen (afzonderlijk en gezamenlijk) om hun beslissingen te kunnen nemen. Deze tactiek vroeg om een nauwlettende regie en tempo. De beide besturen moesten gedurende twee maanden heftig bestookt worden. Geledingen in de organisatie moesten in paraatheid gebracht zijn. De vragen mochten niet van de adviseur komen, omdat dat te opzichtig zou zijn. En de laatste maand zouden de vragen in een heftiger tempo gesteld worden om de sleur en de gewenning te voorkomen en de bestuursleden in een permanent gevoel van frustratie te houden.

Op het einde moest hij vanwege domme pech het tempo vertragen, omdat twee bestuursleden voor korte tijd uitvielen: de een vanwege een botbreuk en de ander vanwege een overlijden in zijn familie. Hij moest het tempo van de 'Verelendung' aanpassen.

Hier zie je een voorbeeld hoe de tijd een rol speelt in een fusietraject. Versnellen en vertragen.

Orkestratie Wanneer je in je bedrijf aan het vechten bent, kan het raadzaam zijn om je acties te orkestreren. Het is vaak helemaal niet verstandig om de boventoon te willen voeren. De achtergrond, de coulissen is voor de ware rat een veel beter leefmilieu.

Een prominente aanwezigheid maakt het de ander maar mogelijk om de vingers in jouw richting te laten wijzen, de manipulaties vanuit jouw koker te laten komen. Houd er rekening mee dat de ander graag wil weten wie zijn tegenstander is, zodat hij erop kan anticiperen. Voor hem zijn vluchtige allianties, onverwachte bondgenootschappen, onduidelijke afgrenzingen wie voor en tegen hem is, een doorn in het oog.

Je kon dit mooi zien toen in een van de grootste arbeidsconflicten van de afgelopen jaren bij een vervoersbedrijf opeens spontaan 'collectieven' ontstonden, die allerlei acties en rumoer ontketenden buiten de geijkte vakbondsorganisaties en de gebruikelijke overleggen om. Zij hadden zichzelf met de moderne GSM- en internettechnologie georganiseerd en gebruik gemaakt van het feit dat ze elkaar overal en nergens in Nederland tegen kwamen. De werkgevers, de overheid, de vakbonden waren behoorlijk in paniek: wie waren zij? Met wie voeren we strijd?

Wat in het groot gebeurt, kun je ook in het klein doen. Zorg ervoor dat je in een arbeidsconflict de woordvoering orkestreert. Laat soms je collega het woord doen, dan weer jij zelf. Bepaal wie er een brief stuurt. Spreek af wie er een lobby start. Met de moderne GSM- en internettechnologie is het zeer eenvoudig afspraken te maken.

Ik heb ooit in een arbeidsconflict de zetten en de woordvoering nauwgezet georkestreerd. Het leek me niet verstandig om alles zelf te doen. In de nabeschouwing met de 'tegenpartij' – uiteindelijk gingen we toch op een goede manier uit elkaar – zei hij dat hij steeds het gevoel had gehad dat er van alles in scène was gezet: toen kwam dat telefoontje, toen die brief, toen die e-mail. Hij vond het razend knap en vroeg me of dit inderdaad zo het geval was geweest.

Indertijd heb ik maar eens vriendelijk geglimlacht en het antwoord in het midden gelaten. Ik kan je wel zeggen, dat er met zijn intuïtie niets mis was.

Geluk en pech Hoe berekenend je ook bent, hoe goed je ook alles probeert te plannen en te voorspellen, een beetje geluk hoort er ook bij. Net als het omgekeerde: je kunt ook gewoon domme pech hebben. Wat de aard van het geluk, de pech en het toeval is laat ik graag aan filosofen en Celestijnse esoterici over. Cursussen in wonderen zijn aan mij niet besteed. Ook maak ik mij er niet echt druk om: toevalligheden laten zich niet afdwingen. Ze komen of komen niet.

Van een geheel andere orde is – en daar ben ik wel in geïnteresseerd – of je van al die toevalligheden goed gebruik kunt maken. Je moet je buitenkansjes wel herkennen en ze direct voor je karretje spannen. Misschien is deze neus voor het runnen van het toevallige wel het criterium waarmee we de toptalenten onder de ratten kunnen onderscheiden van de middelmaat.

Neem bijvoorbeeld de oud-burgemeester van N. Hij is in een geweldig conflict verwikkeld met zijn wethouder Ruimtelijke Ordening. Die wethouder, type ploert met roos op zijn schouder, weet telkens weer iedereen rondom een groot bouwproject tegen de schenen te schoppen. Er is sprake van begrotingstekorten. De gemeente heeft fouten gemaakt waar de pers nog geen lucht van heeft gekregen, ambtenaren, aannemers, directeuren zijn stuk voor stuk over de kling gejaagd: Nederland op zijn mistroostigst.

Om uit deze malaise te komen hebben de hoofdrolspelers afgesproken om voorlopig geen mededelingen aan de pers te doen, die zij in alle onenigheid als de grootste vijand zien, de opklopper van alle schandalen. Je zou toch denken, hebben ze toch iets gemeenschappelijks, lijkt me niet moeilijk om me daar aan te houden. Nee, die eikel van een wethouder geeft twee dagen na de afspraak een vol en breed interview met het plaatselijke dagblad: grote koppen op pagina drie.

Toen toonde zich het bestuurlijk talent, de rattigheid van de burgemeester. In het stadhuis is hij direct naar de wethouder gegaan en heeft het bouwproject uit zijn portefeuille genomen, omdat deze vanwege het interview zo'n groot onderdeel van het conflict was geworden dat er nu in alle bestuurlijke rust eens naar een oplossing moest worden gezocht en dat hij, de burgemeester, die zou vinden.

Dit is het benutten van toeval, in dit geval een domme zet van de wethouder. De burgemeester had geen 'valkuil' opgezet om hem er in te luizen, ook had hij de zet niet voorspeld. Maar toen deze gebraden kip langs vloog, heeft hij hem wel uit de lucht geplukt en had de wethouder het nakijken. De wethouder kreeg de rol en macht van toeschouwer en de burgemeester die van regisseur.

Zo zijn er vele geschiedenissen uit het bedrijfsleven en de bestuurlijke kringen op te tekenen, die aantonen dat de neus voor het toevallige van eminent belang is. Wat ratten gemeen hebben is dat zij een heel helder beeld voor ogen hebben van wat zij nastreven. Van alles wat op hun weg komt, beoordelen zij of het voor hun missie van belang is of niet: een telefoontje, een terzijde in een vluchtig gesprek op een rumoerige receptie, een NB-tje in een e-mail, een interview, een roddel. Hiermee zijn carrières gemaakt en gebroken.

Ik hoorde laatst het trieste verhaal van een oud-wethouder tevens fractievoorzitter die na de gemeenteraadsverkiezingen zeer geheime besprekingen had gehouden met een plaatselijke ecologische partij. Zijn doel was om te zien of er met hen een coalitie was te vormen. Want de mijlpaal van zijn politieke loopbaan moest het wippen van de plaatselijke burgerbelangenpartij zijn, die al sinds mensenheugenis op het pluche had gezeten. En bovendien had hij nog een aantal openstaande rekeningen die onbetaald waren gebleven.

Hij zit op een plek ver buiten de gemeente met vertegenwoordigers van de ecologische partij te praten in een bosrijke omgeving. Op dat moment, als hij op het terras bezig is, fietst op zijn vrije dag een hotemetoot van de Burgerbelangenpartij voorbij. Je kunt je voorstellen dat toen de partijchef van deze partij dat hoorde, hij een geweldige grijns niet kon onderdrukken. Hij wou toch al van deze oud-wethouder af.

En tijdens de beraadslagingen in de gemeenteraad over de vorderingen van de samenwerking, haalde hij geweldig uit naar de onbetrouwbaarheid van deze oud-wethouder en fractievoorzitter, die in het geheim stiekem achter de rug van iedereen onderonsjes houdt... 'Op dat moment ging er een schok door de zaal. Ook bij mezelf. En ik voelde dat mijn fractie me op dat moment liet zakken, in enkele seconden. Dit zou in de krant staan. Ik had de partij te schande gemaakt. Dit ging mijn kop kosten.

De volgende ochtend hadden we fractievergadering. De sfeer was om te snijden. Mensen met wie ik jaren had samengewerkt, lieten me vallen als een baksteen. Ik was niet te handhaven. Ik vroeg hun toen ook of ik nog het vertrouwen had. Het bleef ijzig stil. Toen heb ik mijn conclusies getrokken en heb ik de volgende dag, in de tweede vergadering, hoogstpersoonlijk mijn aftreden bekend gemaakt,' aldus de oud-wethouder. Door toeval kun je ook pech hebben.

Ongeduld, lafheid en strijdmoe Het rattenspel dat je speelt is een proces vol emoties. Sommige daarvan zijn nuttig omdat ze je verder in het gevecht brengen – boosheid, blijdschap om een buitenkansje, gevoel van een rechtvaardige strijd – andere daarentegen houden je van de zaak af. Ook deze niet-productieve emoties maak je mee. De kunst is er mee om te gaan of er mee te leren leven.

Ongeduld Ik heb vele ratten gekend die geweldig waren in hun analyses en strategieën maar uiteindelijk de strijd verloren omdat ze niet in staat waren hun ongeduld te bedwingen. Ze wilden zo snel, ze wilden zo veel! Ze konden niet aanvaarden dat het leven ook gewoon zijn loop moet hebben. Je tegenstander moet soms ook nadenken, je tegenstrever zit ook op jou te wachten, organisaties gaan niet zo snel, kansen doen zich niet meteen voor!

Zelf ben ik in mijn gevechten te ongeduldig. Ik wil er dan van af, de zaak is uitgeanalyseerd, de zetten gemaakt, wachten, wachten... Het risico dat je loopt is dat je stappen gaat nemen – bellen, schrijven, extra roddelen – om de afloop te versnellen. Je mag alleen versnellen als je ervan overtuigd bent dat dit de zaak ten goede komt, en je moet het laten wanneer het dient als bevrediging van je ongeduld. In dit laatste geval gaat het meestal mis omdat je emotioneel en niet meer calculerend bent en dus geen goede afwegingen maakt.

Het sleutelwoord bij deze emotie is acceptatie, zowel van je ongeduld als van de 'traagheid' van de gebeurtenissen. Hoe moet je je ongeduld accepteren, dat prikkelende gevoel dat je doet opspringen, je ongeconcentreerd maakt en aanzet tot daden?

Meer dan wat huis-tuin-en-keuken-middeltjes heb ik niet: Sommigen vinden baat bij beweging in de buitenlucht. Anderen daarentegen zweren bij afleidingsmanoeuvres en gaan zich te buiten aan werk, studie of de liefde. Weer anderen praten er over met intimi en vertrouwelingen in de hoop dat dezen hen tot betere gedachten en dus betere emoties kunnen brengen. Ikzelf mag in mijn momenten van ongeduld graag de Bijbel opslaan: Prediker 3. Hierin staat dat voor alles een tijd, een moment is, voor alle zaken die tot elkaar in een tegenstelling staan: bouwen en vernietigen, liefde en scheiding, geboorte en dood.

Je moet maar kijken welke noodgreep jou afhoudt van ondoordachte zaken omdat je het geduld niet meer kunt opbrengen.

Lafheid Wie rat wil zijn, moet durven. Een beetje lef kan geen kwaad. Sommige mensen ontbreekt het daar aan. Zij vrezen de schadelijke gevolgen wanneer het misloopt en lopen daardoor ook hun successen mis.

Eerder heb ik over angsten geschreven, de ondergangsangsten, de faalangsten en de afwijzingsangsten. In je gevechten zul je regelmatig deze angsten tegengekomen en ze zullen zich met verschillende gezichten aan je tonen: als twijfel (doe ik het wel goed?), als futloosheid (waarom zou ik?), als precisiedwang (heb ik alle details onder controle?), als ethiek (mag het wel?), als... De angst is het duizendkoppige dier, dat als de beste ruikt wanneer jij voor hem als voedsel kan dienen.

Je bent laf wanneer je vooral de gevolgen voor jezelf het meest vreest. De strijd kan wel eens tot jouw ontslag, jouw afgang, jouw reputatieverlies leiden. Je moet ook hier een goed onderscheid maken tussen het afzien van een strijd omdat deze niet te winnen is en het nalaten van een gevecht omdat je bang bent ten onder te gaan terwijl dat niet het geval hoeft te zijn. Alleen in het laatste geval spreken we van lafheid.

Stel: een succesvolle sporter is net zo groot in het doen van zaken als hij lang is. Hij klimt snel omhoog in de meest innovatieve bedrijven, wordt een autoriteit en beloond met een bijzonder hoogleraarschap. Toch zien we hem regelmatig bij bedrijven vertrekken. Is hij laf? Ongeduldig? Nee, waarschijnlijk heeft hij een geweldige neus voor verloren zaken en pakt hij op tijd zijn biezen, zodat de smaad niet op hem wordt afgewenteld. Is zo iemand laf omdat hij niet durft door te pakken? Nee, hij is slim omdat hij op het juiste moment weet te stoppen en de arena te verlaten.

Wat moet je met angstgevoelens tijdens de strijd? Serieus nemen, zou mijn antwoord zijn. Angst is altijd een signaal dat er dreiging is. Dat signaal is het probleem ook niet, het probleem zit hem in de interpretatie van het signaal omdat het nogal ongenuanceerd is: is het vals alarm, is het een te zwak alarm of rinkelen de bellen onnodig te luid?

Het angstgevoel geeft je helaas geen antwoord op deze vragen. Daarom moet je terugkeren naar je overwegingen, je verhalen, je analyses. Zoals we al zeer lang weten, kan alleen de rede, het verstand, de angst in tweede termijn – na de prikkel – bevestigen of ontkennen. Wanneer je de angst als een vermoeden en hypothese opvat, dan heb je er het meeste profijt van.

En gelukkig zijn de dreigingen in het bedrijfsleven niet van dien aard dat je er direct op moet reageren. Er is altijd wel wat tijd tussen de dreiging van de situatie en jouw acties. Tijd die je kunt benutten voor al je afwegingen.

Strijdmoe En dan val je uit de laag der gebeurtenissen, waar actie en reactie elkaar afwisselen, waar de plannen gesmeed, de overwinningen gevierd, de wonden verzorgd en vertroeteld worden. Dan val je in die laag waar niets is, geen tijd, geen belevenis, geen plezier, geen boosheid, zelfs geen haat.* Er is alleen de zachte bromtoon van de moedeloosheid. Het zinloze, waarom zou ik, drenst in je hoofd. En op een gegeven moment zelfs dat niet meer. Kortom, je bent moedeloos geworden. Niets hoeft meer. Je hebt je in de onderste la van je bureau gestopt. Vegeterend vlees. Een levend fossiel. Langdurige arbeidsconflicten, gevechten om de zetels en de macht, bestuurlijke arena's, de ratrace zelf: je bent moegestreden en der dagen zat.

Ook dit komt in het leven van de rat voor, regelmatig zelfs. Of zoals iemand mij zei: 'Ik zou nu weer leuke dingen willen doen. Samen met mensen aan de toekomst bouwen. Lekker netwerken. Dingen doen. En geen gevechten meer. Maar ik kom er niet toe. Alle energie is weg.'

Van de drie schadelijke emoties is de strijdmoeheid de gevaarlijkste. Want kon je bij het ongeduld en de angst nog op je schreden terugkeren naar de rede, bij deze emotie blijft de oorsprong van de emotie bestaan ongeacht de interpretatie die je eraan geeft: strijd blijft nu eenmaal strijd, rattenspel blijft rattenspel. Veel managers, bestuurders en professionals zoeken daarom ook hun voedsel buiten de arena: ze gaan met treintjes spelen, didgeridoo blazen, op hun alpenweide wandelen, Lapis Lazuli slijpen.

* Emil Cioran, *Bestaan als verleiding*. Een 'zwarte' denker, die zowel euforisch als depressief schrijft.

Op een gegeven moment is de vermoeidheid zo groot geworden dat deze ratten de arena verlaten om zich uitsluitend te richten op deze ongecompliceerde en verdiepende kant van het leven. 'Het is wel genoeg geweest,' hoor je ze dan zeggen. 'Het is mooi geweest.' Wie dat nog niet kan zeggen, wie met het rattenleven nog niet klaar is, moet zijn teiltje warm water, waarin hij zijn koude handen kan warmen, maar buiten de arena vinden in niet-bedreigende activiteiten, in leuke dingen. Dat is wat ik je aanraad te doen: zoek vooral rustige bezigheden buiten de conspiratieve buitelingen van het bedrijf of organisatie waarin je zoveel uren druk bent.

Eindspel

Het *moment suprême*, het uur van de waarheid. De meeste rattenstrijd kent een ontknoping. De troefkaarten worden gespeeld. De Nieuwe orde is een feit. Een aantekening is hier op zijn plaats: in langdurige processen merk je dat er meerdere momenten zijn, omdat het leven, de strijd een continu proces is dat, zoals een goede soap betaamt, uit vele afleveringen bestaat. Ontknopingen zijn de voorlopige puntkomma's in het drama dat zich afspeelt en ontrolt.

Kun je dat moment zien aankomen? Hangt de finale strijd in de lucht? Of komt hij onverwachts als een terroristenaanslag? Nee niet dat laatste, het eindgevecht kun je zien aankomen. Het is mijn ervaring en de vele mensen die ik hierover aan de tand gevoeld heb beamen het: ingewijdenen weten vrij exact wanneer het eindspel aan de orde is. Ik schrijf doelbewust 'ingewijdenen'. Voor de buitenwacht, die van tweede- en derdehands informatie afhankelijk is, kunnen de gebeurtenissen, die zich soms in een sneltreinvaart ontwikkelen, een slag bij heldere hemel zijn. Maar dat komt omdat zij niet goed en uitsluitend fragmentarisch op de hoogte zijn.

De meeste eindspelen krijgen hun beslag in een of andere bijeenkomst, conferentie, ontmoeting of een evenement, waarin de loop der geschiedenis een kleine of grote wending neemt. Hierin worden de kaarten gespeeld die eerder in het middenspel zijn verzameld.

Als je denkt dat het in zulke bijeenkomsten om de kracht van redelijke argumenten gaat, dan heb je het mis. Aan de orde is wiens wil op basis van welke macht in welke mate kan worden opgelegd. Met enige lenigheid kun je in het eindspel nog wat extra's binnenslepen, maar ga van de stelregel uit dat het werk in het middenspel is verricht en dat de resultaten van dat werk in het eindspel worden vastgesteld door alle betrokkenen.

Een directeur van een groot voormalig overheidsbedrijf heeft de opdracht om de meute in beweging te krijgen en van ambtenaren geïnspireerde ondernemende werknemers te maken. Je kunt je voorstellen dat zoiets niet van de ene op de andere dag gebeurt. Wat deze directeur als eerste heeft gedaan is de hofhouding meekrijgen. Via 'werkgroepjes', via lobby's, via de honingpot en de zweep, heeft hij zijn voorwerk gedaan.

Het moment van de waarheid was de algemene managementdag, waar hij de uiteindelijke plannen, missie en visie, zou ontvouwen en zijn ondergeschikten om het vertrouwen en de loyaliteit zou vragen. Dat was zijn spannende dag, zoals hij me vertelde, dit was zijn uur van de waarheid. Gingen zijn ondergeschikten met hem mee, of zouden ze de zaak traineren?

Natuurlijk gingen ze mee. De directeur had via de paleisgangen zijn revolutie goed voorbereid. Zijn macht was onaantastbaar geworden. Deze hoefde alleen nog maar officieel bezegeld te worden.

Of neem een van de vele verenigingen die ons land telt, een levensbeschouwelijk/religieuze. Binnen het bestuur van de vereniging ontstond een geweldige machtsstrijd tussen de gematigde en de radicale lijn. Waar de zaak over ging, wist op een gegeven moment niemand meer. Maar één ding was duidelijk: de andere partij moest eruit. Omdat beide partijen dat dachten, ontstond een gevecht waar een rode waas voor ieders ogen kwam.

Iedereen was uitermate gemotiveerd om in het middenspel zoveel mogelijk macht te verzamelen: zwartmakerijen, roddelcampagnes, quasi-intellectuele beschouwingen, vleien, overhalen van mensen, propagandacampagnes in de afdelingen. Alles was erop gericht om op het Jaarlijkse Congres van dit genootschap de kaarten te spelen. Hoewel elk lid van de vereniging 'redelijkheid' en 'menselijkheid' voor op de lippen had, waren ze stuk voor stuk prachtige en talentvolle exemplaren van de 'rat' die we zo graag bestuderen.

En inderdaad, op een zaterdag, in een congresgebouw in een grote stad, was het D-day, de dag der dagen, de finale strijd. Je begrijpt: verhitte koppen, gehoon en gejouw, de wil tot macht had aan de rede voeten gegeven. Uiteindelijk moties van wantrouwen en afkeuringen. En enkele koppen rolden.

Toen het uur van de waarheid net geslagen had, kwamen alle aanwezigen tot bezinning en staarden naar de lijken die bij het optrekken van de rook zichtbaar werden. Even voelden ze zich vervreemd van het gewoel, het gedruis, het gedram, dat net tevoren had plaatsgevonden.

Nu zijn niet alle momenten zo dramatisch. Sommige ontknopingen zijn ook gewoon hamerstukken in een raad, beslissingen van een bestuur: het tegenhouden van een stuk nieuwe weg, het afwijzen van een horecavergunning. Maar of je het evenement nu zelf plant, of dat je je richt op de besluitvorming in besturen en overleggen, de machtsstrijd vindt daar nooit plaats. Deze wordt er hoogstens bezegeld. In het *moment suprême* komt het huiswerk tot uitdrukking, dat je van tevoren hebt gemaakt.

Winnen en verliezen

Bij elke strijd die je voert hoort een uitkomst. Helaas is het niet zo, dat je altijd kunt winnen. Zelfs de meest begaafde bestuurder, de slimste ondernemer, de beste vakbondsvrouw gaat op gezette tijden op zijn of haar smoel. En soms win je gewoon een strijd!

De kunst is wel, dat je op een waardige manier kunt winnen en verliezen. De reden is dat je in een klein land als Nederland en in een kleine globale wereld iedereen op een gegeven moment weer tegenkomt. De tegenstander van vandaag is je medestander van morgen.

Wanneer je wint, zul je je zeker triomfantelijk voelen. Dit is een noodzakelijke emotie die bij alle ratten regelmatig optreedt. Toch moet je ervoor waken dat deze triomfantelijkheid niet aan de controle van je verstand ontsnapt, zeker niet als je in gezelschap van anderen bent, van niet-intimi.

Het gevaar is groot dat je de vijand nog een keer flink op de tenen wilt staan, omdat het – onbedreigd – zo lekker voelt. Je zaait hiermee, zoals we sinds mensenheugenis weten, de gevoelens van achterdocht, haat en rancune. Ontwapenen van de tegenstander doe je met een vriendelijk woord, een 'redelijkheid' waaruit geen strijd meer naar voren komt en het beeld van 'samen'.

Vergeet bovendien niet, dat veel 'omstanders' er een hekel aan hebben wanneer je natrapt. Mensen weten precies wanneer de strijd gestreden is, en wanneer rattenstreken niet meer aan de orde zijn. Ze zullen je betichten van wreedheid, van zelfzucht en meer dan ooit op hun hoede voor je zijn en wanneer mogelijk hun ondermijningstactieken op jou richten.

Er is nog een andere reden om de overwinning niet al te groots te vieren. Je etaleert jezelf alleen maar als een rat, iemand die de machtsstrijd tot in de puntjes beheerst. Dit zal je imago geen goed doen. Mensen zullen je in de eregalerij der ratten plaatsen.

Het omgekeerde is ook waar: je zult je niet alleen een waardige winnaar moeten betonen maar ook een waardig verliezer. Het geeft dus geen pas om te simmen en te klagen als je hebt verloren. Dus als voorzitter van de raad van commissarissen interviews afgeven, waarin je de werknemers verwijt dat ze je het werken onmogelijk hebben gemaakt, dat zij met hun sabotage ervoor hebben gezorgd dat jij de afgesproken resultaten niet hebt kunnen halen en dat jij daarvoor moet boeten, is dus precies wat je niet mag doen. Je toont je een slechte verliezer.

Je mag jezelf voor dom uitmaken, voor onachtzaam, je de haren uit de kop trekken vanwege je onnozelheid, maar verwijt nooit de ander dat zij het spel beter hebben gespeeld dan jij. Helaas is dit voorname gedrag maar weinig bestuurders, commissarissen en directies gegeven. Slechte verliezers. De volksmond heeft het goed door als ze honen en jouwen: 'had je het gevecht maar niet aan moeten gaan.' Je mag je alleen als slachtoffer opstellen wanneer dit voor de volgende ronde profijtelijk is. Want voorgewend slachtofferschap mag altijd!

Als je verliest kun je beter het schip verlaten dan aan boord blijven. Hier moet je niet, zoals veel politici en bestuurders, al te bang voor zijn. Ik zal het je sterker zeggen: Als je verliest, moet je opkrassen! Want de ander zal altijd over je regeren – je hebt je de minder machtige betoont –, de smaad zal nog vele jaren aan je gekleefd zijn, elke actie van jouw kant zal gesmoord worden in de kleffe deken van je slechte reputatie.

De meeste professionals, bestuurders en directeuren die vertrekken hebben hun aftocht goed geregeld. Ik raad je aan om dit voorbeeld na te volgen. Zorg dat je bij de kans op verliezen altijd een B-plan paraat hebt: weet wat je gaat doen als het mis gaat, weet welke gouden handdruk in werking treedt, welke optie je wel of niet kunt verzilveren. Heb jij ooit een bekende politicus of ondernemer ontmoet die de daklozenkrant in een winkelcentrum bij de Albert Heijn verkocht? Nou dan!

Wat is nu het meest onwaardige gedrag dat je als verliezer kunt vertonen? Wat is het gedrag, waarover we alleen maar durven te fluisteren omdat het de rat zo onwaardig is? Gedrag, waar we het liefst over zwijgen omdat we er zo onpasselijk van worden? Dat is: ziek melden.

Ziek melden! Stel je bent een hoge overheidsdienaar, je hebt een geweldige staat van dienst, zowel in open zaken als in geheime zaken, je weet meer dan wie ook van Nederland, je gaat een conflict aan met je minister, wat zeg ik, met de hele politiek. Niets mis mee, zou je zeggen.

Stel nu dat je onverhoopt zo'n strijd verliest. Wat doe je dan? Je trekt je terug, recht de rug en gaat desnoods beschimmeld brood eten. Maar je meldt je de volgende dag niet ziek. Alles wil je maar niet dát. Ik begrijp dat je nu denkt, 'Joep, Joep, dit komt toch niet voor? Er zijn toch geen strijders, ratten, die als zij verliezen zich ziek melden? Toch niet in de hoogste kringen? Zeg me, dat het niet waar is...'

Ik zwijg en wend me af, in schaamte, in diepe plaatsvervangende schaamte.

7 | Surfen naar de traditie

In het afgelopen deel van mijn brief heb ik je geleid naar het ambachtelijke en praktische werk van de rat. In dit meer abstracte deel wil ik de vraag stellen aan wie of wat we het politieke spel te danken hebben. Wie zijn onze voorgangers geweest? Waar hebben die ratten het allemaal vandaan? Ze zullen niet het wiel opnieuw hebben uitgevonden. Zij maken toch ook deel uit van een traditie?

Daarom, als je zin hebt, surf ik op impressionistische wijze naar een paar hoogtepunten uit wat ik maar in navolging van de filosofische traditie 'de wil tot macht' noem. Je begrijpt dat er, zoals bij elk surfen, hieraan een zeker toeval is verbonden: hebben we de juiste, de meest belangrijke, de mooiste sites aangedaan? Helemaal zeker is dit nooit. Ik heb me laten leiden tot wat mij voorhanden kwam en mij interessant leek om een beter licht te laten schijnen op de vraag 'Hoe word ik een rat?'

Denken over macht

Heb je ook wel eens die gedachte gehad dat het wonderlijk is dat we überhaupt over politieke spelletjes kunnen nadenken en praten, dat je mijn brief over 'hoe word ik een rat?' kunt lezen? Nu duid ik niet op technische lees- en schrijfvaardigheden, maar op de begrippen die we hanteren. Wanneer is men zich bewust geworden van macht en is men daar expliciet over gaan spreken en vooral gaan schrijven?

Wat mij betreft neem ik je eerst mee naar een grote innovatie van de mensheid, namelijk toen wij doorkregen dat we meer voedsel konden verkrijgen door op een lapje grond gewassen te verbouwen en te oogsten, en dieren te houden dan door ze te jagen en planten te zoeken.

Dat we landbouwers werden had veel onvoorziene neveneffecten. Een van de belangrijkste is geweest dat we steden gingen bouwen. Daar lagen meerdere factoren aan ten grondslag: er is een overschot aan eten, er ontstaat handel, waardoor er plaatsen voor markten nodig zijn, er ontstaan grotere oorlogen met andere steden waardoor over vraagstukken van oorlog en vrede moet worden nagedacht. Er staat een bestuurlijke elite op die bij elkaar kruipt.

Bijzonder aan de nieuwe steden is dat de mensen niet meer bij elkaar wonen op grond van familiebetrekkingen en stamverwantschap maar op grond van 'ingezetene zijn'. Je ziet in die steden de vraag ontstaan, hoe je zo'n stad, de *polis*, het beste kunt besturen. Wat is nou verstandig en wat is wijs?

Zo ontstaan de eerste verhandelingen over het 'politieke' vraagstuk, over macht, over ordening en leren we over macht en politiek te praten, wat er fout kan gaan en wat goed. Een van de beroemdste en eerste verhalen is dat van Plato, *De Staat*. Hierin vertelt hij zijn idealen over de stadstaat (met de omvang van een hedendaags klein bedrijf): hoe die eruit ziet, hoe we die moeten besturen en wat het competentieprofiel van de bestuurder is.

Hij onderscheidt naast zijn ideaal zelfs vier 'verloederde' besturingsmodellen die hij afwijst: de timocratie, de oligarchie, de democratie en de tirannie. Juist voor 'ratten' zijn deze misbaksels het meest interessant, omdat daar de vechtvaardigheden het best getraind kunnen worden.

In de timocratie is nauwelijks nog sprake van harmonie. Groepen mensen strijden met elkaar om de eer en om rijkdom. En in de oligarchie is dat nog sterker aanwezig. Hier bepaalt je persoonlijke rijkdom of je zeggenschap hebt of niet. Een moderne Plato zou zeggen dat je aandelenportefeuille van groter belang is dan je kiesrecht. Ook het democratische model wijst hij af. Want als te veel burgers meepraten, dan zullen zij alleen maar hun eigen belangen nastreven en de smaak van macht te pakken krijgen. Dat zou alleen maar tot anarchie en de strijd van allen tegen allen opleveren. Het is of je de gemiddelde manager over bedrijfsdemocratie hoort praten. Voor het laatste model heeft Plato ook geen sympathie: de tirannie. Kenmerkend voor de tiran is dat hij de absolute macht in de polis heeft. Iets wat niet veel goeds kan opleveren omdat dit alleen maar tot willekeur zou leiden en op den duur de 'algemene zaak' zou schaden.

Nee, Plato kiest in zijn utopie voor de staat, een besturingsmodel waarbij aan het hoofd uiteraard een filosoof staat, die door zijn kennis van wat echt goed, mooi en waar is, het best in staat is om alles en iedereen in goede banen te leiden. Veel professionele bestuurders moeten zich hier wel door aangesproken voelen, want zij pochen ook altijd op hun superieure kennis van bestuurlijke zaken.

Nu valt veel meer over 'De Staat' van Plato te vertellen, maar waar het me om gaat, is dat hij een uitgewerkt model over macht en kennis neerzet. Hoe praktisch we ook als ratten tekeergaan, we gebruiken altijd wel een of ander schema om ons bedrijf en ons doen en laten te ordenen. Het feit dat we over organisaties als strijdperken, als arena's van belangen, als kluwen van machtsstrevingen van personen en groepen kunnen nadenken hebben we aan de politieke modellenbouwers te danken waar Plato er één van was.

Strijden met beelden en woorden

Je hebt gelezen dat ik een onderscheid maak tussen de strijd met woorden en de strijd met geweld. De eerste reken ik tot het domein van de ratten, de ander tot dat van dwazen en gekken. Dit onderscheid is ook zo'n 2500 geleden in Griekenland expliciet gemaakt. Je kreeg wel in beide les: retorica en oorlogsvoering. Dat ook weer wel.

Retorica behoorde tot je 'politieke' basisopleiding. Het was een belangrijke bestuurlijke vaardigheid zoals deze dat tegenwoordig ook voor de rat nog steeds is. Je leerde allerlei retorische technieken en maakte je de juiste basishouding eigen, namelijk dat het er nooit om gaat de waarheid te spreken, maar wel om de harten en de beelden van de ander te bespelen in de richting die je gewenst acht. Iets wat in menig modern curriculum nog steeds getraind wordt, alleen heet het dan reclame, public relations, interne communicatie, veranderkundige interventies of hoe word ik een rat?

Hoe zag zo'n opleiding tot redenaar er dan uit? Wat was het leerplan? In het onlangs in het Nederlands* vertaalde werk 'de opleiding tot redenaar' dat Quintilianus heeft geschreven zien we wat er allemaal geleerd kan worden.

Je moet jong beginnen, aldus deze leermeester. Als je in je jeugd tot dit vak wordt uitverkoren, dan krijg je al aangepaste oefeningen en

* Quintilianus schreef in de eerste eeuw na Chr. het boek *Institutio Oratoria*. Het is door Piet Gerbrandy in het Nederlands vertaald. Een 'must' voor iedereen die zich met communicatie bezighoudt.

spelletjes voor je kiezen. En vervolgens word je getraind in de diverse taken en activiteiten van de uitmuntende redenaar. Zo moet je je goed voorbereiden door in je geheugen of waar dan ook te zoeken naar gedachten, beelden, informatie-eenheden. Je leert dit materiaal slim en calculerend te ordenen, zodat je het grootste effect op de toehoorder krijgt, zodat je aan de knoppen van zijn emoties draait. Daarvoor maak je gebruik van een repertoire aan stijlfiguren: beeldspraak, verkleiningen, overdrijvingen, contrasten. Aan auditieve hulpmiddelen: ritmiek, klankkleur, accenten en maat. Aan ordeningen die ons tot voorbeeld dienen voor de rangschikking van alles wat we inmiddels hebben verzameld.

En omdat de redenaar, de retoricus ook de Bühne op moet, krijg je een groot aantal adviezen mee, hoe je je moet gedragen, moet kleden, of je moet gesticuleren of juist niet. Al je dramatische vermogens worden in je ontwikkeld om maar te bereiken waar de opdrachtgevers voor betalen: het gewenste effect bij de ander.

Je zult in bovenstaande opsomming veel herkend hebben wat in presentatie- en communicatietrainingen wordt geoefend. We zijn in het manipuleren van onze bazen, medewerkers en klanten ongelooflijk schatplichtig aan al die praktijkmensen en opleiders van de retorica. Een belangrijk deel van het rattenrepertoire komt bij hen vandaan.

Wie nu nog bijvoorbeeld durft te beweren dat de visie en de missie van een bedrijf iets anders zijn dan onvervalste retoriek en niet als zodanig moeten worden behandeld, moet maar iets anders doen, punniken of zo. En elke collega, manager, ondergeschikte, goeroe of wie dan ook, die met de zoveelste *waarheidsgetrouwe* analyse van de markt, van de trends, van de klant, van ons bedrijf naar ons toe komt, die persoon ontvangen we met de sterkste argwaan, omdat we vermoeden dat we voor de zoveelste keer de waarheid als retorisch wapen op ons gericht krijgen. Maar kun je zelf een ander met retorisch geweld opblazen, dan moet je het zeker niet nalaten.

Variatie reduceren

Ik heb in mijn brief regelmatig geschreven over het reduceren van de alternatieven van de ander en daar voorbeelden van laten zien. Dit is een oud thema in de strijd om macht en belangen. Een bekende definitie van machthebber is dat hij degene is die de gedragsalternatieven van de ander kan inperken teneinde zijn eigen doelen te realiseren.

Een van de mooiste voorbeelden blijf ik vinden in de opkomst en de verdere ontwikkeling van het christendom. Hierin vind je reducerende technieken die we nog altijd in het moderne bedrijfsleven toepassen. Toen het christendom zich verspreid had rond de Middellandse Zee, staken er op verschillende plekken diverse varianten de kop op. Het ging daarbij om theologische, liturgische en bestuurlijke varianten. Moet je nu wel of niet geloven dat Jezus de zoon van god was of slechts een mens, zij het van bijzondere kwaliteit? Moet je nu wel of niet gewijd zijn om voor te gaan in een mis? Moet je een kerk met een sterke expansie en aantrekkingskracht wel of niet centraal of decentraal leiden? Wat geloven we eigenlijk?

Over zulke vraagstukken ontstonden in de vroege christelijke kerk geweldige gevechten en debatten, die op diverse concilies werden beslecht. In het boek van Reese* over het Vaticaan, een organisatiestudie van de katholieke kerk, staat onbedoeld onthullend wat de grootste drijfveer van de katholieke kerk was: een grote angst voor het uiteenvallen in deelkerken, voor het verliezen van de gezamenlijkheid, een geweldige angst voor desintegratie. De diverse maatregelen waarover werd gedebatteerd en die vervolgens werden ingevoerd, hadden alle als eigenschap dat ze de variatie reduceerden.

Je ziet in de eerste eeuwen (en ook in die erna!) van de katholieke kerk een opeenvolging van standaardisatiemaatregelen, alsof het al een grote multinational was. Zo komen er canonieke boeken, komt er een geloofsbelijdenis, ontstaan regels voor accreditatie van hen die specifieke taken mogen vervullen in de ceremonieën en ontstaat het priesterschap, wordt het Latijn als liturgische taal ingevoerd en komt er een 'format' voor de bijeenkomsten.

Je bent alleen nog maar gast aan tafel als je afziet van wat anders is. In hedendaags braaftaals zouden we zeggen dat deze organisatie met missies, visies, standaardapplicaties en -rapportages de neuzen in dezelfde richting heeft gezet, de spontane variatie stelselmatig heeft gereduceerd.

* Thomas J. Reese, *In het Vaticaan. De organisatie van de macht in de katholieke kerk.* Een leesbare organisatiestudie uit 1996 naar de organisatie van de katholieke kerk.

Voor de rat is van deze traditie van belang dat hij altijd de aandacht richt op het vergroten van de variatie bij zichzelf en het reduceren ervan bij de ander. Dat zal hem het meeste profijt geven. En als bazen en hun adviseurs hem lastig vallen met bedrijfsvisies, missies, standaards zal hij uitroepen: 'Je bent er dus op uit om mijn variatie in te perken?' Zolang dat zijn eigen belangen en doelen dient, is daar niets mis mee. Maar als deze inperking tegen zijn belangen, zijn variatie in doen en laten ingaat, laat hem de rattenstrijd beginnen!

Ontwikkeling van ambachtelijkheid

Je hebt gelezen dat het rattenwerk een grote ambachtelijke component heeft, dat je je bezighoudt met arena's, belangen, machtsbronnen, tactieken en de grote lijn in je strijd. Voor ons is het vrij normaal om over zulke dingen te praten, zij het dan in braaftaal. Toch is het ambachtelijke werk pas relatief recent, kort geleden opgeschreven. We hoeven maar vijfhonderd jaar terug. Ik zal bij deze tijd en deze persoon wat langer stilstaan omdat we zo aan zijn werk schatplichtig zijn.

We komen dan in een gistend Europa terecht. De handel floreert als nooit tevoren, men spreekt over allerlei nieuwe uitvindingen zoals de nieuwe drukkunst en goedkope gedrukte boeken. Men roddelt in de centra van de macht over de nieuwe zeeroutes die Portugezen proberen te vinden om de specerijen uit Azië op een goedkopere manier naar Europa te halen zodat ze het monopolie van de handelshuizen van Venetië kunnen omzeilen. In Sagres, in Portugal, is een nieuw centrum, een soort wetenschappelijk instituut gesticht, waar alle kennis van de zeereizigers en hun cartografen bijeenkomt. Waar in de eenentwintigste eeuw in een wereldwijd gecoördineerde samenwerking het menselijk DNA in kaart werd gebracht, werden daar, in dat zonovergoten zuidwestelijke plekje van Europa, de randen van de zeeën met hun eigenaardigheden in kaart gebracht: op zoek naar een veilige weg naar de rijkdommen van Afrika en Azië.

En in Florence komen in kleine en privé-kring een aantal taalkundigen, musicologen en componisten opgewonden bij elkaar om bij een goed glas wijn te debatteren over de nieuwste archeologische en filologische ontdekkingen: de Griekse tragedies zouden gezongen uitgevoerd zijn, de muziek zou heel puur en natuurlijk de menselijke stem volgen en geen klanktapijten van zes-, tien-, ja soms veertigstemmige stemmen zijn zoals moderne componisten die in hun motetten weven. In het huis van graaf Bardi gonst het van experimenten in de muziek, een kentering is op handen, een nieuwe muziek, een *musica nuova*, ontstaat: simpele liederen, gezongen drama, waaruit uiteindelijk een aantal decennia later de opera zou ontstaan.

Europa gonst, en dan laat ik de verandering in de schilderkunst, de nieuwe architectuur, de filosofen die essays, probeersels gaan schrijven waarin hart en verstand gecombineerd worden, achterwege. We moeten inzoomen op een man van die tijd die het spel van de macht tot in de puntjes beheerste en het ook heeft opgeschreven: Niccolò Machiavelli (1469–1527), de opportunist en o zo menselijk, al te menselijke denker!

Wie de feiten van zijn leven volgt, ziet daarin de turbulentie waarin Italië in die tijd verkeerde terug. Wie nu als toerist de *hot spots*, Toscane, Rome, Napels, de kusten van Cinque Terre bezoekt, kan zich amper voorstellen dat Italië in de tijd van Machiavelli nog het meest leek op Afghanistan. Dat het een land was, dat hopeloos verdeeld was en waar binnenlandse en buitenlandse adellijke krijgsheren en machtsbeluste geestelijken verbeten vochten.

Wie heeft het nu weer voor het zeggen in Florence, in Milaan, in Rome? Welke oorlog is er nu weer op handen? Is het waar dat er voor nieuwe legers geronseld wordt? En is de leiding van Florence afgezet en hebben ze inderdaad de stad moeten verlaten? Welke buitenlandse interventies zijn er nu weer te verwachten? En is Frankrijk nu onze bondgenoot of onze vijand? Er is weinig verbeeldingskracht nodig om te bedenken dat burgers, edelen en geestelijken het daarover hadden in hun ontmoetingen, in gesprekken.

In dit onevenwichtige Italië was Machiavelli de juiste man op de juiste plaats op de juiste tijd. Hij had het toptalent om deze slangenkuil te analyseren, de verborgen agenda's van de diverse partijen te doorgronden, de hypothesen te formuleren over hun strategieën en zijn plan te trekken. En omdat dit talent ook door de werkelijke machthebbers werd herkend en omdat hij zijn kruiwagens vermoedelijk naar behoren had geregeld, kreeg hij in 1498 de topfunctie van secretarius van de Tweede Kanselarij van de Republiek Florence, een functie die we nu waarschijnlijk secretaris-generaal van een ministerie zouden noemen, de hoogste ambtenaar net onder de politieke top. En omdat de politieke bestuurders toen net zo snel wisselden als in onze tijd en de ambtenaren bleven zitten, waren deze kanselarijen door hun in de jaren opgebouwde en gebundelde kennis en ervaring een belangrijke machtsfactor.

Veertien jaar lang was Machiavelli hiervan de hoogste man. Zijn werk bestond eruit om voor zijn superieuren allerlei rapporten over de stand van zaken in en om Florence te vervaardigen. Maar vooral ook om diplomatiek werk te verrichten. Hij werd regelmatig als gezant uitgezonden naar de hoven in Europa, naar belangrijke legerplaatsen om te peilen wat de plannen waren en of deze een bedreiging voor Florence vormden.

Of zoals Frans van Dooren het in zijn inleiding op de door hem gemaakte vertaling van *Il Principe** kort en kernachtig zegt: ‘Hij combineerde de dingen die hij hoorde met de dingen die hij al wist, hij analyseerde de opmerkingen die gemaakt werden en de gesprekken waarbij hij aanwezig was, hij drong door in de psychologische achtergronden en het algemeen-menselijke van de gebeurtenissen.’ Hier zien we in het commentaar van Van Dooren het toptalent van Machiavelli heel helder omschreven. Hier zien we ook de essentie van de ‘rat’: het analyseren van verborgen bedoelingen.

Toch zou de loopbaan van Machiavelli niet goed aflopen en moest hij het veld ruimen toen er een wisseling in de top kwam. Want in 1512 kwamen De Medici, het bankiersgeslacht dat tot 1494 de zaak Florence ‘gerund’ had met allerlei intriges, weer terug in de bestuurskamers. En zoals tegenwoordig in het bedrijfsleven ook wel gebeurt: als de top moet verdwijnen, verdwijnt ook een groot deel van de hofhouding omdat de nieuwe machthebbers op nieuwe ogen en oren willen vertrouwen.

Zo kreeg Machiavelli ook zijn congé en trok hij zich – na nog even in de gevangenis te hebben gezeten – terug op zijn boerderij in de heuvels van Toscane. En daar heeft hij het beroemde en beruchte boek *De heerser* geschreven. Hierin geeft hij aan hoe machthebbers macht moeten

* Frans van Dooren vertaalde *Il Principe* (*De Heerser*) in in de jaren zeventig. Hij heeft er een boeiende en toegankelijke inleiding bij geschreven.

verwerven, vergroten en behouden. Hij doet dat door allerlei aanwijzingen te geven hoe men in bepaalde situaties het best kan handelen.

Tot slot wil ik vier trekken van het denken van Machiavelli noemen, die je in mijn lange brief ook hebt aangevoeld. Ten eerste heb je zijn *pessimisme.* Wie met zijn ogen naar de wereld kijkt, voelt somberheid en teleurstelling opkomen. Het volgende citaat spreekt daarvan:

'Want van de mensen kan men in het algemeen zeggen dat ze ondankbaar, wispelturig en huichelachtig zijn, dat ze wegvluchten voor gevaar en belust zijn op geldelijk gewin. Zolang je goed voor hen bent, staan ze volledig voor je klaar. En ze hebben hun bloed, hun bezit, hun leven en hun kinderen, zoals ik reeds zei, voor je over wanneer de noodzaak daartoe ver weg ligt. Maar wanneer deze dichterbij komt, keren zij je de rug toe.'

Ten tweede is het denken van Machiavelli *amoreel.* Ik beweer niet dat het amorele altijd leidraad voor ons alledaagse handelen moet zijn maar het is verademing om bedrijven en organisaties amoreel, rauw, zonder permanente braafheid te analyseren. Ik zal je nog een citaat geven:

'Want om zijn machtspositie te handhaven, is hij dikwijls genoodzaakt te handelen in strijd met de betrouwbaarheid, de barmhartigheid, de menselijkheid en de godsdienstigheid. En daarom is het nodig dat hij mentaal bereid is een andere koers te gaan varen, als de grillen van het lot en de veranderende situaties hem dat voorschrijven. En hij moet, zoals ik al zei, het goede niet achterwege laten wanneer dat mogelijk is, maar van de andere kant moet hij in staat zijn over te stappen op het kwade wanneer de noodzaak hem daartoe dwingt.'

Dit is taal die op conferenties en seminars niet meer gesproken wordt. Hier horen we geheimen die we in ons denken wel zijn vergeten maar in onze alledaagse werk zeker niet.

Ten derde wil de *nuchterheid* van Machiavelli benadrukken. Hij stelt expliciet dat het hem niet gaat om wat mensen bij macht allemaal fantaseren, maar dat het hem om de zaak, om de gebeurtenissen zelf gaat. Hij kijkt naar wat mensen doen in het politiek bedrijven naar zijn eigen ervaringen, en wil dat in een nuchtere en realistische praktijkleer omzetten.

Zijn analyses van de werkelijkheid worden niet, zoals vandaag de dag zoveel gebeurt, gekleurd door het voortdurend uitspreken van een *j'accuse*, een aanklacht, of van een blijde verwachting dat het snel anders zal worden, dat iedereen een '*happy worker*' zal worden. In zijn eigen termen: 'Ik laat dus alles wat over machthebbers gefantaseerd is buiten beschouwing om me uitsluitend tot de realiteit te bepalen.'

En ten slotte wil ik benadrukken, dat Machiavelli een scherp oog heeft voor de *toevalligheden* van de gebeurtenissen: dat je als machthebber voortdurend waakzaam moet blijven voor de wisselingen van het lot om wanneer dat nodig is je daaraan aan te passen. In zijn eigen woorden: 'Ik geloof ook dat hij die zijn handelswijze weet aan te passen aan de tijdsomstandigheden, voorspoedig regeert, en dat omgekeerd degene die zijn optreden niet met de tijd in overeenstemming weet te brengen, niet voorspoedig regeert.'

En met dit laatste citaat moeten we echt de Renaissance van Machiavelli verlaten, de man die ons zo'n flink eind op weg heeft geholpen in de ontwikkeling van het handelingsrepertoire van de 'rat', in het neerzetten van diens ambacht.

Elimineren van het onzuivere

Een aanzienlijk deel van ons rattenrepertoire is van nog recentere datum en is ontwikkeld in de gevangenissen, gekkenhuizen en ziekenhuizen van de achttiende en negentiende eeuw. Wanneer we nu medewerkers onderwerpen aan persoonlijkheidstesten, een 360° *feedback* laten doen, een gang door een *development center* laten maken, dan kunnen we dat door de noeste pioniersarbeid van dokters, gevangenisbewaarders, psychiaters en hygiënisten van een tot twee eeuwen terug.

Al onze systemen waarmee we mensen zichtbaar willen maken in hun diepste persoonlijkheidskenmerken, hun prestaties, hun competenties, hun potenties, al die doorlichtingssystemen, die we nu als redelijk en vanzelfsprekend verkopen, hebben hun oorsprong bij boeven, gekken, zieken en onbeschaafde arbeiders. En zij hebben nog steeds hun machtswerking niet verloren.

Laten we kort stilstaan bij deze strijd tegen het onzuivere.* Aller-

* Ik baseer me hier op het werk van de Franse filosoof Foucault. Een doorwerking en verrijking hiervan vindt men in het aforistische werk *De hygiënemachine* van de Nederlandse organisatiefilosofen Kaulingfreks en Ten Bos.

eerst hebben we de ziekenhuizen. Tussen de gasthuizen en de moderne ziekenhuizen die meer weg hebben van de aankomst- en vertrekhallen van een groot vliegveld, is geen groter contrast mogelijk. Werden in de gasthuizen, de opvanghuizen alle zieken bij elkaar geplaatst, behalve dan de mensen met een besmettelijke ziekte, die gewoon verbannen werden en 'buiten de orde' geplaatst, in de moderne ziekenhuizen vinden we nog altijd de grondvorm van de eerste klinieken terug. Want wat was het kenmerk hiervan?

Men ging op een gegeven moment de 'longen' bij de 'longen', de 'magen' bij de 'magen' plaatsen. Men ging de zieke lichamen classificeren naar wat erin opspeelde. Dat deed men niet alleen conceptueel maar vooral ook fysiek. Wie op de afdeling 'longen' rondloopt, komt daar hoofdzakelijk patiënten met longaandoeningen tegen, alhoewel een fysieke opdeling tegenwoordig minder noodzakelijk is vanwege de informatiesystemen die we tot onze beschikking hebben. Door zieke mensen te ordenen en te classificeren hoopte men door het betere vergelijkingsmateriaal betere therapieën te vinden.

Voor de gevangenis geldt eigenlijk hetzelfde verhaal. In een magistraal werk over het ontstaan van de moderne gevangenis geeft de Franse filosoof Foucault een beeld van de grote verandering die daarin is opgetreden. Was je vroeger een misdadiger, dan werd je met een grote groep ergens ver weg in een kerker gestopt. Wie de film *Midnight Express* heeft gezien, kan zich zo ongeveer voorstellen hoe die oude gevangenissen er uitzagen.

Maar ergens in de achttiende eeuw gaat men in Europa andere gevangenissen maken. Mensen worden opgesloten in aparte cellen, staan onder toezicht en worden onderworpen aan een strak activiteitenprogramma. Het doel is dat zij weer nette en brave burgers worden.

En dan de psychiatrie. In de negentiende eeuw ontstaat bij de psychiaters een nauwelijks te begrijpen verlangen om de menselijke geest in al haar geledingen in kaart te brengen. De ene na de andere classificatie wordt ontwikkeld en bediscussieerd: allerlei psychische aandoeningen krijgen een naam en worden ondergebracht als de elementen in het periodiek systeem. De waanzin van het meten ontstaat.

In diezelfde periode maken verlichte burgers zich druk om de geweldige verpaupering en smerigheid die onder de bevolking is ontstaan vanwege een *rücksichtslose* industrialisering. De steden stinken, vervuilen. Het platteland is onder rook van fabrieken gekomen. Het gevaar van besmettingen, het gevaar van revolutie dreigt.

Het grote beschavingsoffensief om de bevolking begint. Riolen worden aangebracht, controle op de bevolking via zuigelingenzorg, geneeskundige diensten ontstaan, de nieuwe huizen krijgen een aparte en kleinere keuken zodat de bevolking gedwongen is om keurig en beschaafd in de huiskamer te eten.

Alle interventies zijn erop gericht om, zoals Kaulingfreks en Ten Bos zeggen, het onzuivere en niet-hygiënische uit te bannen. Dat onzuivere is dan alles wat niet gepland en onder controle is gebracht: het toevallige, het zieke, het gekke, het wilde, het onberedeneerde, het wellustige. Of in andere termen: er wordt alles aan gedaan om alle autonome variatie te reduceren.

Zoals je eerder kon lezen maken we in onze bedrijven nog steeds gebruik van deze hygiënische maatregelen. Dat doen we als we onze medewerkers, bazen en klanten doorlichten, doormeten en in allerlei categorieënstelsels onderbrengen. Dat we tegenwoordig mensen op geweldige wijze panoptisch kunnen onderwerpen hebben we te danken aan al die classificeerders en meet*freaks* van de afgelopen 150 jaar. En nog steeds maken professionals, de chique consultancybureaus, de raarste wetenschappers nieuwe 'audits', controlesystemen, classificatieschema's, assessments, elektronische performancesystemen. Allemaal bedacht om anderen panoptisch onderuit te halen en elke variatie onder controle te krijgen en te houden.

Alles is strijd

De chagrijnige filosoof Herakleitos wordt wel aangehaald als een van de oudste bekende vertolkers van de gedachte dat alles strijd is. In zijn overgebleven fragmenten schrijft hij dat het ontstaan en de ontwikkeling van de wereld, de oorsprong van de goden en de mensen, te danken is aan de oerkracht die we het beste als 'conflict' en 'strijd' kunnen omschrijven.

Alles komt tot ontwikkeling vanwege tegengesteldheden die met elkaar botsen: water met vuur, goden onderling, goden met mensen,

mensen onderling. Alles is in permanente verandering vanwege een in de werkelijkheid aanwezige motor van conflicten en strijd. Strijd is er altijd, en strijd is overal.

Met deze introductie wil ik je brengen in de laatste rondtrekkende beweging rondom ons thema 'hoe word ik een rat?' Als we calculerende ratten zijn, volgen we dan onze diepste wet, gehoorzamen we dan aan wat in ons is ingebakken? Kunnen we niet anders omdat we nu eenmaal afhankelijke sociale wezens zijn? Laten we langs gaan bij drie stromingen van denken, die ons wat verder op weg kunnen helpen om te bepalen of rat zijn ons lot is!

Sociale afhankelijkheden Laten we de eerste denkrichting die we tegenkomen *sociologisme* noemen. Hierin brengen we alle denkrichtingen samen die ons vertellen dat we strijden en samenwerken doordat we sociale wezens zijn. Om te kunnen overleven en ook om het goede leven te leiden, zijn we van elkaar afhankelijk. Dat was al zo toen we nog jagers en verzamelaars waren en dat is in onze huidige netwerkachtige samenleving nog steeds zo.

De '*self-containing man*', de man die autonoom, onafhankelijk en trots leiding geeft aan zijn eigen deugden en ondeugden, los staat van iedereen, los van belangen en begeertes is, zo iemand leeft misschien in de verhalen van spirituele leiders, maar niet in die van de gewone man en vrouw. Zelfs degenen die financieel onafhankelijk zijn, moeten nog gewoon naar de supermarkt voor hun eten, of wat waarschijnlijker is naar hun driesterrenrestaurant. We zijn gewoon van elkaar afhankelijk. Wie in een moderne samenleving leeft en werkt, zit in lange ketens van interdependenties, zoals de beroemde Duitse socioloog Norbert Elias zei. Strijd en ook samenwerking ontstaan doordat we van elkaar afhankelijk zijn.

Dit perspectief is bijzonder lucratief als we willen begrijpen wat er in moderne bedrijven en organisaties gebeurt. We nemen dan opeens ketens van interdependenties van relatief autonome eenheden waar, die zelf hun doelen en belangen nastreven en daar samenwerken waar het tot wederzijds voordeel strekt en elkaar bestrijden waar sprake is van een nulsomspel, waar de winst van de één tot het verlies van de ander leidt. De sturing in de interdependente ketens vindt plaats door ruilhandel, soebatten, elkaar dwars zitten, dreigen, verleiden, nieuwe kongsies aangaan, onderdelen naar de rand van het bedrijf te plaatsen.

In moderne netwerkorganisaties spelen deze processen nog veel heftiger, omdat hierin iedereen van iedereen een beetje afhankelijk is. Professionals krijgen al snel te maken met al die processen van wederzijdse beïnvloeding en manipulatie: van hoog tot laag. En het spel om de macht, zo wil ik die processen toch zeker noemen, is niet alleen meer voorbehouden aan oudere en gerijpte seniore mannen en een enkele vrouw, nee, op steeds jongere leeftijd krijgen professionals met deze processen te maken die vroeger alleen aan de bestuurskamers waren voorbehouden.

Hoewel hier misschien het beeld ontstaat van gezellige en relatief egalitaire businessgroepen, *practices*, of hoe ze ook genoemd mogen worden, vol bruisende jonge en oude medewerkers die vol ijver hun 'ondernemerschap' op zich hebben genomen, we mogen nooit uit het oog verliezen dat er in deze interdependente organisatieketens altijd mensen en groepen zijn die meer in de melk te brokkelen hebben dan andere!*

De strijd die we in en buiten ons werk voeren is terug te brengen tot de ketens van afhankelijkheid waarin wij leven, en het is ons 'lot' ermee te leven. We kunnen niet anders, omdat we nu eenmaal sociale wezens zijn.

Strijd om het bestaan De tweede denkrichting die we moeten inslaan om antwoord te krijgen op onze vraag of het ons lot is om een 'rat' te zijn, is het *biologisme*. Deze denkrichting die in de tweede helft van de negentiende eeuw is ontstaan, werkt zeer krachtig door tot op de dag van vandaag.

De strijd die we met elkaar voeren zou er vooral op gericht zijn om te overleven in de strijd om het bestaan en om ons voort te planten. Of zoals het sinds Dawkins heet: wij zijn niet anders dan overlevingsmachines voor onze genen. Wat we ook doen en laten, uiteindelijk zal ons de rekening worden gepresenteerd: Was wat we deden gunstig voor ons overleven, voor onze voortplanting of niet? Veel van onze

* Richard Sennett heeft een ontmaskerende studie geschreven over netwerkorganisaties: *De flexibele mens. Psychogram van de moderne samenleving.*

gedragingen zijn diep in deze biologische ondergrond geworteld, zoals ook onze neiging tot samenwerking, concurreren, zorgzaamheid en onze neiging tot doden en genocide.

Concurrentie komt, zoals bekend, bij veel diersoorten voor, vooral bij leden van dezelfde soort. De strijd wordt geleverd om het territorium, voedsel, de vrouwtjes. Elke dag opnieuw maakt de natuur zich op voor de grote strijd om het bestaan, het voortleven. In het tsjilpen, in het grommen, in het zoemen, in het sissen, in al die geluiden, horen we de song *I will survive* terug.

De manier waarop het leven aan deze strijd handen, voeten en vleugels geeft varieert van soort tot soort en ook binnen de soorten. Soms jaagt men elkaar weg, of dreigt men. Dan weer gaat het om een ritueel gevecht om uit te maken wie de sterkste is en paren mag. Of men vecht als groep, als roedel mannetjes, met een naburige roedel om het gebied, zoals wolven wel doen. Men verwondt elkaar, en ook loopt het wel uit tot een conflict waar de dood op volgt.

Zijn wij een gewelddadige en konkelende menselijke chimpansee? De berichten hierover verschillen. Volgens sommige biologen wel, volgens anderen valt het wel weer mee.

Maar wat betekenen deze Darwiniaanse axioma's voor de interpretaties van de machtsspelletjes in onze bedrijven? Moeten we ervan uitgaan dat wie een streek uithaalt, wie een directeur ondermijnt, wie zich overgeeft aan zijn verlangen om op zijn veertigste binnen te zijn, bezig is met het overleven en doorgeven van het genetische materiaal? Zou het zo zijn dat het onder uithalende geroddel, de zwartmakerijen, het vernietigen van reputaties, het wegpromoveren van gevaarlijke tegenstanders, de coups en overnames, de onderlinge concurrentie van bedrijven en organisaties de uitvoering is van een natuurlijk en wreed script?

Is de mens niets anders dan een lauwe zak water, eiwitten, genen en kluiven, die overleven wil? Als dat zo is dan is ons politieke spel niets anders dan het biologische programma. We kunnen alleen maar nederig ons hoofd buigen en zeggen: ik ben een gore stinkrat, ik kan het ook niet helpen.

Het Zijn Ik wil je in mijn brief nog naar één denkrichting leiden. Deze zet de 'rat' op een filosofisch toneel. De belichting, de decorstukken, de coulissen, de gordijnen worden bepaald door het vraagstuk naar het 'Zijn'. Het gaat hier om niets minder dan de vraag wat nu het 'eigenlijke' kenmerk van het Zijn is, van de fysieke, de chemische, biologische, sociale en psychologische werkelijkheid. Is er een permanente factor te benoemen die werkzaam is geweest in de ontwikkeling van de 'big bang' tot de mens?

We komen dan terecht bij Nietzsche,* de filosoof die zich in de negentiende eeuw onder meer met dit vraagstuk heeft beziggehouden. Als je zijn opvattingen volgt, krijg je een perspectief op 'rattengedrag', die opwindend en tegelijkertijd ongemakkelijk is. Hij druist in tegen onze liberale en humane opvattingen van professioneel gedrag.

Hoewel Nietzsche zich verzet tegen het zoeken naar eigenlijke factoren die het Zijn verklaren, ontkomt hij daar toch ook niet aan. Hij ziet één factor die altijd en overal werkzaam is en dat is de wil tot macht. Het gaat dan om een kracht en een energie die alles voortstuwt en opdrijft, zowel in de natuur als in de menselijke aangelegenheden. Of zoals hij zelf in een van zijn latere werken *Voorbij goed en kwaad* schrijft:

'Het zal de wil tot macht zelf moeten zijn, het zal willen groeien, om zich heen grijpen, tot zich trekken, overwicht verwerven – niet op grond van moraliteit of immoraliteit, maar omdat het leeft en omdat het leven nu eenmaal wil tot macht is.'

Wat hij schrijft is dat in alles wat we doen en laten, in alles wat er gebeurt, die wil tot macht aan de gang is. Of zoals hij in zijn onnavolgbare stijl schrijft:

'Gesteld ten slotte dat het zou lukken ons hele driftleven als de organisatie en vertakking van één grondvorm van de wil te verklaren – namelijk de wil tot macht, zoals *mijn* these luidt – ; gesteld dat men alle organische functies tot deze wil tot macht zou kunnen herleiden en daarin ook de oplossing van het probleem der voortplanting en voe-

* Ik verwijs hier graag naar de monografie van de Duitse filosoof Rüdiger Safranski over Nietzsche: *Een biografie van zijn denken.* Een zeer toegankelijk en genuanceerd werk. Safranski is een 'ware' leraar in de zin dat hij toegang verschaft tot de traditie. De belangrijkste werken van Nietzsche zijn in het Nederlands vertaald.

ding – het is één probleem – zou vinden, dan zou men daarmee het recht hebben verkregen *alle* werkzame krachten ondubbelzinnig te definieren als: *wil tot macht.* De wereld van binnen gezien, de wereld volgens haar 'intelligibele karakter' gedefinieerd en getypeerd – zou slechts 'wil tot macht' zijn en niets méér.'

Nietzsche geeft ons het beeld dat het leven, de biologische en fysieke wereld doordrenkt is met het streven naar macht. In het citaat wat je net las, gebruikt hij nog de 'zou-vorm', – het zou kunnen, het zou ook niet kunnen. Hij houdt nog slagen om de arm.

In *Zarathoestra*, een van zijn andere werken, is die voorzichtigheid helemaal weg. Let maar op als hij het leven zelf sprekend ten tonele voert: 'Dat ik strijd en worden en doel en tegenspraak van doelen moet zijn: ach, wie mijn wil raadt, raadt ook wellicht welke kromme wegen hij moet bewandelen!'

Het leven zelf zegt dat zij een eigen wil heeft. Welke dat is, daar mogen we even naar raden. Maar het is die wil tot macht. En wat bedoelt hij met de *kromme* wegen? Niets anders dan dat de wil tot macht allerlei omwegen maakt om zichzelf te realiseren. Liefde van mensen? Niets anders dan een kromme weg van de wil tot macht. Edelmoedigheid, de moraal? Niets anders dan macht. Alles is macht, omdat de wil tot macht het Zijn is.

Tot zover deze denker en laten we snel terugkeren naar ons simpele en alledaagse bedrijfskundige thema: hoe naai ik anderen, hoe word ik een rat? Welke kleuring krijgen deze vragen op het toneel van Nietzsche? Hoe zou hij over organisaties en bedrijven hebben gedacht?

Hij zou vast beweerd hebben dat onze moderne organisaties in onze mondiale markteconomie de zoveelste kromme weg van de wil tot macht zijn. In onze kantoren, in onze vergaderingen, in onze veranderkundige interventies, in onze managementstrategieën, in ons ondergronds en bovengronds gekonkel, lopen we met de voeten van de 'wil tot macht'. Ook de humaniserende en liberale werkmethoden, de bezielende vormen van leiderschap, participerende overleg en ontwikkelbenaderingen moet je met de nodige argwaan bekijken: hier zou de wil tot macht wel eens extra werkzaam kunnen zijn!

Dus als je een rat bent, doe je niets anders dan aan je innerlijkste wet gehoorzamen. Je leeft het leven en belichaamt in je vriendelijkheid, in je hufterigheid, in je openlijke strategieën, in je ondergrondse calculerende gevechten niets anders dan... de 'wil tot macht'. Met Nietzsche mag je eindelijk die gesanctioneerde *asshole* zijn! *Thank God!*

Ik heb je een aantal momenten uit de traditie laten zien omdat elke gore streek die je uithaalt ergens vandaan komt en zijn voorlopers en voorgangers heeft. Wat oogsten we? Wat hebben we aan de traditie te danken?

Ten eerste zijn we schatplichtig aan de mensen die met hun begrippenkaders en modellen het 'politieke' van de doorgaande stroom der gebeurtenissen hebben afgescheiden. We hebben gezien dat het praten over macht en machtsspelletjes pas mogelijk werd in grotere complexe samenlevingsverbanden: steden. We kwamen tegen dat de strijd om macht naast geweld gepaard ging met allerlei manipulatietechnieken die we tegenwoordig nog gebruiken: de retorica. Vervolgens kwam een belangrijke eigenschap van macht op de voorgrond: het vermogen variatie bij de ander te reduceren. De vroeg-christelijke kerk heeft zich daarin uitermate goed bekwaamd. De Renaissance leverde ons het ambachtelijke van de machtsstrijd. Op amorele en nuchtere wijze leverde Machiavelli ons als eerste een kookboek voor de macht. Aan de achttiende en negentiende eeuw danken we het repertoire van de panoptische machtsmaatregelen. Vanaf nu kunnen we het onzuivere van het zuivere scheiden, dit corrigeren dan wel opruimen. Ten slotte hebben we de uitspraak 'alles is strijd' centraal gesteld. We hebben deze strijd op drie manieren aangelicht: eerst als het gevolg van sociale afhankelijkheidsketens, vervolgens als de pure biologische strijd om te overleven, en ten slotte als de uiting van de 'wil tot macht' die in alles, het fysieke, het biologische, het menselijke doorwerkt.

Als je een streek uithaalt, zing je de partituur die het sociale, het biologische of het ontologische je heeft gegeven.

Tijd om naar de epiloog te gaan.

8 | Epiloog

Het huis ligt op zo'n vreselijk volgebouwd woonerf. Je komt er met je auto niet bij. Er schoof bijna zo'n kleuter met zijn aërodynamische step onder mijn wielen. Godverdomme. Ik moet nog opschieten ook. Om kwart over twee zal het plaatsvinden. Hier is het. Gelukkig is het mooi weer. Juni. Dat is wel zo prettig voor de familie. Was er familie bij? Ja, niet veel, een zoon en een dochter.

Ik parkeer mijn auto en controleer mijn tas. Het gif is in ieder geval goed koel gebleven. Ik heb extra naalden meegenomen. De vorige keer ging het mis, helemaal mis. Wat een drama. Zelfs de inspecteur Euthanasische Zaken moest erbij komen, terwijl ik dit werk toch al jaren doe: nooit klachten, behalve dan die ene keer. Vreselijk.

Hier moet het zijn. Een gewoon huis, rijtjeshuis, niets bijzonders. Het voortuintje is wat verwilderd, moet nodig een beurt hebben. Ik controleer extra de barcode op de voordeur die mijn collega's geplakt hebben. Ja, hier is het. Ik bel. De deur gaat open.

Dat moet de dochter zijn. Ik herken het brede voorhoofd van de foto. Tegenwoordig sturen ze altijd met de e-mail een foto van het slachtoffer sinds er in het noorden mensen zijn verwisseld. Ze heeft rode ogen van het huilen. Haar zwarte eyeliner is uitgelopen. Heeft ze mijn tips en tricks bij stervenden niet gehad? Daar staat toch duidelijk in: geen make-up, makkelijke kleding, geen alcohol.

'Komt u maar,' zegt ze zachtjes.

We gaan naar binnen. De hal is schemerig. We lopen de kamer in. De gordijnen zijn half dicht. Er hangt een diepe geladen stilte. Ik ruik zoete bloemkoollucht. Getverdemme. Ik had nog zo gevraagd om een geurkaarsje te branden. Aan die lucht ben ik nooit gewend geraakt. Ik word licht misselijk: rotting. In de voorkamer ligt de patiënt. Ik kan door de deuropening het einde van het bed zien. Ik hoor nu zacht gepraat.

Met een klein gebaar stuur ik de dochter naar binnen. Als ik mijn spullen pak, wil ik er geen pottenkijkers bij. Je weet dat ze daar alleen maar zenuwachtig van worden. Tegenwoordig hebben we van die hygiënische pistolen. Je zet ze op de arm en de naald zoekt automatisch de ader en schiet het gif erin. Heel handig, heel netjes. Vroeger moest je het allemaal zelf doen. Dat was vervelend, want dan zit de hele familie te kijken hoe jij met die aders aan het klooien bent. Ik controleer nogmaals de spullen: naalden oké, gif oké, papieren oké. Nou, daar gaan we dan.

Ik loop de voorkamer in en zie dat de oude vrouw er netjes bij ligt. Half rechtop zoals we hadden gezegd. De dochter en de zoon houden haar handen vast. Ze hebben haar ook de plastic slab omgedaan die verplicht is. Soms gaan ze namelijk vlak van tevoren kotsen en dat geeft zo'n smerige boel.

De dochter maakt plaats voor me, zodat ik er goed bij kan. Als ik zit, is iedereen stil. Ze kijken me verwachtingsvol aan. De oude vrouw heeft gloeiende ogen van de morfine. De make-up van de dochter is nu helemaal uitgelopen. De zoon heeft een verkrampte kaak. Hij houdt zich in. Ik ga er voor zitten, want de oude vrouw zal vast nog wat willen zeggen.

Ze glimlacht, naar mij, naar de dochter, de zoon en weer naar mij. D'r gezicht verstrakt. Ze kijkt me doordringend aan.

'Je was er bij. Je was in Auschwitz, in Jeruzalem, in Belfast, in New York.' Ze stopt even om te slikken.

'Je was er toen ook bij.'

Raadselachtige woorden van een vrouw die ik niet ken. De dochter snikt, de zoon houdt zich ook niet meer goed.

'Zullen we maar?,' vraag ik.

De oude vrouw knikt.

Ik pak haar arm en leg aan. Ze is heel warm. Ik kijk naar haar, zoals we dat in de opleiding hebben geleerd. Een vriendelijk gezicht, de onschuld zelve. Ik zal de laatste zijn die ze ziet. De vogels fluiten. Ver weg klinkt een boormachine. De langste dag kan weer beginnen.

Dan tel ik in mezelf zachtjes af: drie, twee, een...

Literatuur / Register

Literatuur

Arendt, Hannah, *Vita activa.* Boom, Amsterdam 1994.

Bos, René ten & Ruud Kaulingfreks, *De hygiënemachine. Kanttekeningen bij de reinheidscultus in cultuur, organisatie en management.* Agora, Kampen 2001.

Cioran, Emil, *Bestaan als verleiding.* Historische Uitgeverij, Groningen, 2001.

Gracián, Baltasar, *Handorakel en kunst van de voorzichtigheid.* Em. Querido's Uitgeverij, Amsterdam 1994.

Machiavelli, Niccolò, *De Heerser.* Athenaeum-Polak & Van Gennep, Amsterdam 2000.

Nietzsche, Friedrich, *Aldus sprak Zarathoestra.* Boom, Amsterdam/Meppel 1996.

—, *Voorbij goed en kwaad.* Uitgeverij De Arbeiderspers, Amsterdam/Antwerpen 1999.

Plato, *De Staat.* Uitgeverij Pelckmans, Kapellen 1999.

Quintilianus, *De opleiding tot redenaar.* Historische Uitgeverij, Groningen 2001.

Reese, Thomas J., *In het Vaticaan. De organisatie van de macht in de katholieke kerk.* Bert Bakker, Amsterdam 1998.

Safranski, Rüdiger, *Nietzsche. Een biografie van zijn denken.* Uitgeverij Atlas, Amsterdam/Antwerpen 2000.

Schönbeck, Loek, *Oneerbiedige wijsbegeerte van het management.* Scriptum, Schiedam, 2001.

Sennett, Richard, *De flexibele mens. Psychogram van de moderne samenleving.* Uitgeverij Byblos, Amsterdam 2000.

Sloterdijk, Peter, *Regels voor het mensenpark.* Boom, Amsterdam 2000.

Register